SECRETS DE THÉRAPEUTE

L'Iconoclaste
26, rue Jacob, 75006 Paris
Tél. : 01 42 17 47 80
iconoclaste@editions-iconoclaste.fr
www.editions-iconoclaste.fr

Tobie Nathan

SECRETS DE THÉRAPEUTE

L'ICONOCLASTE

Une vie
à la folie

Focale

Thérapeute, je l'ai été tout au long.

Décidé à forcer le destin, j'ai commencé bien avant d'y être autorisé, j'avais à peine 18 ans, et continue, encore aujourd'hui, alors que l'usure du temps m'invite chaque jour à partir cultiver mon jardin. De l'apprenti sorcier de mes débuts au maître reconnu, professeur d'université investi du pouvoir de décerner des labels, que j'ai fini par devenir…, aucune position ne m'a paru confortable. Éternel inquiet, je ne me suis senti à ma place dans aucune, obsédé par le sentiment d'être un usurpateur. Jusqu'à ce que je comprenne, il y a peu, que ce sentiment est inhérent à la fonction de thérapeute. Car l'on peut toujours se convaincre qu'on agit pour le bien du patient, reste la question lancinante de sa propre légitimité. Qu'est-ce qui m'autorise à bricoler les devenirs, à modifier l'ordre des choses ?

Lorsqu'on débute, on n'y pense guère. Peut-être est-ce de cette inconscience que les apprentis, qu'ils soient ou non disciples, qu'ils soient ou non sorciers, sont généralement plus efficaces que les maîtres.

Ma pratique n'a cessé d'évoluer au cours de mon activité professionnelle. D'abord formé à la psychanalyse, j'ai pratiqué un temps le divan-fauteuil dans le silence d'un cabinet feutré. Je dois dire que l'attitude professionnelle qu'engendre ce type de pratique était trop éloignée de ma nature pour que je pusse longtemps m'y tenir. Levantin, je sais que la parole est monnaie, qu'elle ne véhicule aucune vérité intrinsèque, pas plus qu'une pièce d'un euro ou qu'un billet d'un dollar. Parlent les humains parce que leur nature est de parler, d'échanger, de sourire, de grogner, de s'insulter aussi… Regardez deux chimpanzés, s'ils sympathisent, ils s'épouillent avant toute chose. Peut-être n'ont-ils aucun parasite dans leur fourrure, ils s'épouillent quand même. Les hommes sont des singes ; la seule différence avec leurs cousins des forêts est qu'ils parlent plutôt que ne s'épouillent, peut-être parce qu'ils ont perdu leurs poils…

Le Moyen-Orient qui m'a vu naître semble avoir intégré de longue date cette singularité de la parole de simplement accompagner le temps qui passe. Je revois ma mère et mes tantes, assises ensemble l'après-midi durant, parlant, parlant encore, les soucoupes se remplissant d'écorces de graines de courge ou de tournesol qu'elles épluchaient habilement de la langue. Elles avaient tant à se dire, rien pourtant qu'elles ne connaissaient déjà, sinon la permanence de leur plaisir à être ensemble. Et lorsqu'elles se quittaient, elles ne manquaient pas de se dire qu'elles avaient bien « passé le temps ». Ne pas sentir le temps passer… tel était leur secret de la parole. On sait là-bas, en Orient, que la parole est rarement instrument à délivrer un message, la plupart du temps simple démonstration de présence commune au monde, de sympathie.

On parle donc d'abord pour parler ! On parle parce que c'est ce qu'on fait le mieux, comme chantent les oiseaux.

On parle aussi pour jouer, pour mentir, pour tromper, pour séduire, pour rire… Mais la plupart du temps, avouons-le, on parle pour rien, sans raison. Alors, cette fascination pour la parole qui s'est emparée de la France de la thérapie dans les années 1960 et qui a duré des décennies, cette mystique de l'aveu (« Si tu disais ce qui te tracasse, ça irait mieux… »), cette folie du signifiant (« laisser se déployer la vérité du sujet »), tout cela m'a très tôt semblé préciosité inutile, factice, et hautaine qui plus est. Je suis aujourd'hui persuadé que ce type de dispositif, où l'un parle et l'autre écoute, convient mal à la thérapie, plus encore, qu'il dessert sa fonction première qui est tout de même de guérir.

La découverte d'autres thérapies

Attiré durant mes années d'université par l'ethnopsychiatrie qu'enseignait Georges Devereux, cet homme étrange et douloureux, j'ai très tôt découvert d'autres types de thérapie, qui ne relevaient pas de la médecine sans pour autant s'organiser autour de la parole. Ces thérapies constituent la majorité des traitements que l'on peut observer de par le monde. Elles ont mauvaise presse, c'était déjà le cas autrefois ! On les qualifiait de superstitions, de « remèdes de bonne femme »… Il faut dire que ces thérapies ont la plupart du temps des fonctions multiples. Elles sont aussi prières à des divinités, invocations, convocations, divinations, sacrifices… D'ailleurs, on les désigne rarement par leur fonction thérapeutique. On les appelle « fêtes », « rites », « transes », « purifications »… « Purifications », surtout ! Dans bien des langues d'Afrique de l'Ouest, quand on veut dire qu'on se rend chez un thérapeute, on dit simplement qu'on « s'en va se laver »… C'est peut-être la meilleure façon de désigner ces dispositifs d'« hygiène mentale ».

Lorsque je préparais mon doctorat sous la direction de Devereux, au début des années 1970, on connaissait mal ces thérapies ; on les classait souvent dans une même catégorie fourre-tout. On parlait de « shamanisme » ou de « sorcellerie », et lorsqu'on leur reconnaissait une part d'efficacité, on l'attribuait à la « suggestion » et l'on pensait qu'ainsi on avait tout dit, ou presque. Devereux nous a appris à les examiner une à une, avec la plus grande attention, en donnant à chacune le nom par lequel on la désigne dans la société où elle fleurit. Car elles sont toutes différentes en vérité, toutes rattachées à un peuple. Si les thérapies sont attachées à un peuple, il faut logiquement en déduire que *les peuples pensent*, qu'ils inventent… des langues, des masques, des fétiches et des thérapies. *Les peuples sont les véritables acteurs de l'histoire !*

Devereux avait publié dès 1961 l'ouvrage de référence *Mohave Ethnopsychiatry*[1], une étude minutieuse des pratiques thérapeutiques d'une petite tribu indienne qui vit le

---

1 – « Mohave ethnopsychiatry and suicide: the psychiatric knowledge and the psychic disturbances of an Indian tribe », Smithsonian Institution Washington D.C., Government Printing Office, Bureau of American Ethnology, Bulletin n° 175, 1961, 1964, éd. augm. 1969, 1976, 586 p. Traduit en français sous le titre : *Ethnopsychiatrie des Indiens mohaves*, préface de Tobie Nathan, Synthélabo, coll. « Les Empêcheurs de Penser Rond », 1996, 920 p.

long du fleuve Colorado, aux États-Unis, les Mohaves – une tribu qui, au XIXe siècle, ne comptait pas plus de 4 000 âmes, à peine plus de 3 000 aujourd'hui. Dans ce livre, il exposait les concepts – leurs concepts ! – permettant de décrire les désordres psychologiques, leurs « névroses », leurs « psychoses » (ils ne les appellent pas ainsi, bien sûr), les dispositifs leur permettant d'identifier les thérapeutes, les vrais et les charlatans, les techniques diagnostiques (par le rêve, l'enquête ou l'observation des animaux). Bref, il décrivait les modalités techniques, non pas des thérapies en général, mais des thérapies mohaves – les thérapies qu'a inventées le peuple mohave. Et il les présentait sans les dénigrer, sans les ramener à du déjà connu, en les prenant au sérieux ! Car là réside la clé : le sérieux du regard sans a priori – sans condescendance, surtout ! On sort de cette lecture en pensant nécessairement que si une toute petite tribu indienne de quelques milliers de personnes est capable d'inventer une véritable psychopathologie qui, malgré son apparence folklorique, se révèle d'une complexité et d'une efficacité comparables à la nôtre, il doit en exister des milliers d'autres à travers le monde. Alors, c'était certain, on ne devrait plus jamais utiliser le mot « psychiatrie » au singulier. Ma conviction était faite : il existe *des psychiatries*, des centaines, des milliers, peut-être… Leur connaissance, voilà l'objet de la discipline qu'on appelle « ethnopsychiatrie[2] », la connaissance des psychiatries des autres, des autres psychiatries.

Avec les Mohaves d'Arizona

Paris, École pratique des Hautes Études, séminaire d'ethnopsychiatrie, ce devait être en 1974. Une cinquantaine d'élèves serrés les uns contre les autres dans une petite salle saturée de fumée de tabac – qu'est-ce qu'on fumait ! Ce jour-là, Georges Devereux était heureux. Il venait d'apprendre qu'il était invité à prononcer une conférence aux États-Unis et que son informatrice mohave, pour laquelle il nourrissait une profonde amitié, participerait également à ce congrès.

---

2 – L'ethnopsychiatrie que m'a enseignée Georges Devereux se situe aux antipodes d'une psychiatrie coloniale, qui se parait quelquefois de l'adjectif « ethnopsychiatrique », celle qu'on a appelée « École d'Alger », qui a sévi durant une cinquantaine d'années. Là, des psychiatres, tel Antoine Porot, tentaient de démontrer la supériorité intellectuelle du colon sur l'indigène arabe à l'aide d'arguments biologiques. D'après eux, les « Nord-Africains » seraient dépourvus des fonctions morales supérieures et nourriraient spontanément des tendances à l'impulsivité criminelle. Voir René Collignon, « La psychiatrie coloniale française en Algérie et au Sénégal », *Tiers-Monde*, vol. 47, nº 187, 2006, p. 527-546, et, bien sûr, le célèbre pamphlet de Frantz Fanon, *Les Damnés de la terre*, Paris, François Maspero, 1961, et La Découverte, 2002.

Georges Devereux
et son informatrice mohave,
Agnes Savila, en 1974.
Ils ne s'étaient pas revus
depuis trente ans.

Il se réjouissait de parler à nouveau avec cette femme qu'il n'avait pas revue depuis trente ans.

Le col de chemise mal repassé, les lunettes presque opaques, la cravate écossaise en bataille, il tirait avidement sur son fume-cigarette en nous racontant, une fois de plus, ses Indiens…

Les Mohaves d'Arizona, comme nous et comme beaucoup d'autres peuples, considèrent le cœur comme le siège des émotions, sans doute parce qu'il bat plus vite en présence de l'être aimé. Ils pensent aussi que ce cœur peut souffrir. Ainsi reconnaissent-ils l'existence d'une maladie qu'ils nomment *Hi: wa itck*, ce qu'on pourrait traduire par « peine de cœur ». Là-bas, cependant, il s'agit d'une maladie grave pouvant même conduire à la mort. Qui en est affligé est considéré *yamomk*, « fou », même si cette folie se révèle souvent transitoire.

Il faut dire que la culture mohave est assez opaque à nos traditions romantiques. Là, la sexualité n'est en rien taboue. Les enfants ont des relations sexuelles complètes, coït compris, dès l'âge de 5 ou 6 ans. Ni rite ni promesse, le mariage consiste seulement à partir habiter avec la personne choisie et le divorce en un simple déménagement. Du coup, le mariage mohave est si instable que la culture a instauré une règle, semble-t-il pour protéger le bébé qui naîtrait de

Enfants mohaves vers 1900 :
on considère que le père
est celui qui a eu le plus
de rapports sexuels avec la mère
pendant la grossesse.

cette union. Il est réputé être enfant de l'homme qui l'a le plus abondamment nourri de son sperme durant son séjour intra-utérin. Alors on calcule : avec lequel de ces hommes la femme a-t-elle eu le plus de rapports sexuels durant sa grossesse ? Ce sera lui le père !

Le résultat d'une telle permissivité sexuelle est une société de gens raisonnables qui pensent qu'en amour il est bon d'éprouver un attachement modéré. Ils reconnaissent des exceptions néanmoins, les jumeaux, par exemple, qu'ils considèrent comme des êtres étranges, qui peuvent, pensent-ils, être habités de sentiments exacerbés. Autre exception, certains couples qui, du fait d'avoir transgressé un interdit majeur, sont liés par une sorte de passion. C'est le cas de cet homme âgé qui s'est inconsidérément amouraché d'une nymphette. Et lorsqu'elle l'a quitté, il a attrapé le *Hi: wa itck*, la « peine de cœur », une redoutable crise de folie. S'il nous fallait traduire ce terme avec précision, nous devrions recourir à une longue périphrase : « Crise de folie chez un homme âgé, provoquée par le départ de la jeune épouse qu'il aimait passionnément. »

Voilà donc un syndrome de psychiatrie mohave, qu'on ne peut appeler que par son nom mohave : *Hi: wa itck*. Il ne nous est lisible que si on a d'abord compris que, pour les Mohaves, seules les alliances inhabituelles, « à risques », peuvent conduire à des comportements fous lorsqu'elles sont interrompues. À cette « maladie », cette folie, les docteurs mohaves, qui sont des sortes de shamans, administrent une thérapeutique spécifique, faite de plantes, de prescriptions et d'interdictions. *Hi: wa itck* forme un tout, spécifique. Inutile de le comparer, il ne relève pas de nos catégories. C'est le point à retenir : sa spécificité. C'est une maladie mohave, qui arrive aux Mohaves et se soigne à la mohave.

De ces multiples observations, Devereux tirait une idée générale. Pour aider un patient au plus près, il fallait à chaque fois rechercher le mot, le concept singulier permettant d'inclure un comportement déviant, un symptôme, dans un ensemble plus vaste, celui d'une culture, d'une histoire, d'une société. Autrement dit, pour soigner un Mohave, il fallait connaître la « psychiatrie mohave ».

Qui es-tu ? D'où viens-tu ?

Voilà donc mon premier bagage, ma première donnée d'évidence. Je pourrais le résumer en une formule : si pour chaque patient il faut aller rechercher dans ses attachements une pensée pour le soigner, *il n'existe donc pas de méthode universelle. La thérapie ne peut être une, elle est multiple par nature*. Il en existe au moins une par peuple.

Cet acquis, je l'ai intégré très tôt et en ai fait l'un des socles de ma pensée. En matière de thérapie, nous n'avons que faire d'une technique universelle s'appliquant à n'importe qui. Et cette vérité découverte au décours de mes études, j'y crois plus encore aujourd'hui, après avoir constaté que ces techniques destinées « à tout le monde », que l'on devrait appeler « transculturelles[3] », transforment toute personne à qui elles sont appliquées en *un quiconque*. J'ai vu mes collègues tenter de faire entrer à tout prix chacun de leurs cas dans le lit de Procuste d'une théorie unique[4]. La tâche d'un thérapeute est exactement l'inverse. Elle consiste à pénétrer des pensées et des pratiques « locales », en respectant

---

3 – « Transculturel » : « qui traverse les cultures ». Tel devrait être le sens du mot qui, malheureusement, avec le temps, en est venu à signifier toute action menée avec des personnes provenant de mondes éloignés, comme dans « psychiatrie transculturelle ». En vérité, la pensée psychiatrique moderne se veut « transculturelle » par nature, valable pour chacun, à travers le monde et les époques. La pratique montre à l'évidence qu'une psychiatrie valable pour tout le monde n'est efficace avec personne.

4 – *Procuste*, déformation de *Procruste*, qui signifie en grec ancien « celui qui martèle pour allonger », est le surnom d'un brigand qui s'appelait en vérité *Polupemôn*, « le très nuisible ». Procruste contraignait les voyageurs à se jeter sur un lit ; il coupait les membres de ceux qui, trop grands, dépassaient, et étirait les pieds de ceux qui étaient trop petits. C'est pour cette raison qu'on l'appelait *Procruste*. Diodore de Sicile, Livre IV b.

Il n'existe
pas de méthode
universelle.
La thérapie
ne peut être une,
elle est multiple
par nature.

autant que possible leur spécificité. Elle doit respecter le « sur-mesure » jusqu'à l'obsession, contre la facilité du « prêt-à-porter », du « prêt-à-penser », plutôt.

Car, il faut le savoir, les thérapies les plus efficaces s'arriment là où les personnes sont attachées, c'est-à-dire, toujours, à des lieux, à des langues, des dieux, des ancêtres...

Les thérapies sont d'ailleurs comme les langues ; leur nature est diversité. Nul ne pourrait parler toutes les langues[5]. Et même si l'on était d'une érudition infinie, la connaissance du « langage » et de ses règles générales n'aiderait en rien à la pratique d'une langue inconnue. Non ! les langues ne se devinent pas ; elles s'appréhendent comme des mondes qu'on pénètre. Il faut les découvrir patiemment, les apprendre pour les découvrir, les utiliser pour les connaître.

J'y reviens encore : la comparaison entre langues et thérapies est cruciale. Tout comme je dois connaître la langue du patient, je dois aussi connaître les thérapies qui ont cours dans les lieux où il a grandi – et même s'il n'y a pas grandi, les thérapies attachées à sa famille, à son ethnie, à son univers.

Aujourd'hui, lorsque je reçois un patient, *quel qu'il soit*, qu'il provienne d'un monde éloigné, d'Afrique, d'Asie,

---

5 – Il existerait aujourd'hui entre 3 000 et 7 000 langues parlées dans le monde. L'incertitude provient de la difficulté à tracer des frontières précises entre des langues voisines.

d'Océanie ou de la banlieue parisienne, je lui demande d'identifier avec moi ses mondes, ses lieux et ceux de sa famille, les dieux, les cultes et les rites qui ont présidé à sa naissance, à la protection de sa vie, à son éveil au monde.

Qui es-tu ? D'où viens-tu ? Présente-moi tes ancêtres…

Destin singulier des migrants

Je suis un immigré. Ce me fut longtemps une honte. C'est resté une douleur. J'ai connu – je connais encore ! – la souffrance que cause l'inadéquation des mots et des choses.

Émigrer, c'est toujours perdre la certitude du monde, la croyance en sa fiabilité et la sensation de sa propre identité – je veux dire l'illusion qu'on est identique à soi-même, qu'il existe un même soi qui était là hier et qui sera encore là demain… Lorsqu'on émigre, cette sensation se désagrège en quelques instants, comme ces momies qui partent en poussière quand les effleure un rayon de lumière. On est vite dominé par le sentiment de sa propre contingence. On apprend que si on est soi-même, c'est par hasard, qu'on pourrait aussi bien être un autre, qu'on le sera peut-être demain.

Chaque nuit depuis mon départ d'Égypte en février 1957, avant de m'endormir, je me demande si je serai le même, ou plutôt : quel moi je serai le lendemain. Soixante-trois ans plus tard, c'est encore la même chose.

Je peux affirmer que la migration potentialise l'audace (« Si rien n'est acquis, alors tout est possible ! »), mais aussi le désespoir (« Rien ne sera plus jamais comme avant... »).

À la fois audacieux et désespérés, tels me semblent être les enfants migrants !

La contingence de soi et du monde, disais-je, s'empare de l'être de l'enfant migrant, lui dessinant un destin singulier, à la poursuite d'une identité, non pas perdue, mais réfugiée dans un lointain avenir... C'est une condition particulière de l'esprit. Ce n'est pas si grave, à condition de le savoir ! À condition d'accepter *qu'on n'est pas, qu'on n'est jamais, qu'on devient seulement*.

C'est sans doute dans ce passé brumeux fait d'incertitude et d'angoisse, mes 9 ans, mes 10 ans, cette époque de ma vie où ma famille et moi ne savions pas si nous arriverions un jour quelque part, c'est sans doute l'origine de mon souhait de prendre en charge la souffrance psychologique des immigrés, mes semblables[6].

Arrêt sur image ! Il me faut être honnête jusqu'au bout.

---

6 – J'ai évoqué cela dans Tobie Nathan, *Ethno-Roman*, Paris, Grasset, 2012, et l'ai réélaboré dans *Les Âmes errantes*, Paris, L'Iconoclaste, 2017.

Notre photo de passeport,
quelques jours avant notre
départ d'Égypte, avec ma mère,
mon père et mon grand frère.
Je suis tout en bas, au milieu.

Le lien entre mon passé d'immigrant et ma pratique thérapeutique peut paraître évident à quelqu'un qui examinerait mon parcours ; quant à moi, c'est à peine si j'en ai conscience. Aujourd'hui encore, cette idée me semble plaquée, seulement intellectuelle. Je la sais vraie, pourtant, mais ne l'éprouve pas.

Dès mes premiers pas dans la thérapie, je m'en souviens, j'ai imaginé des dispositifs permettant une relation d'empathie avec les immigrés. Pour cela, j'ai d'abord introduit la langue des patients dans l'espace de la séance. Car même s'ils parlent le français, ils ne parlent pas la même langue que les Français, je veux dire qu'ils ne pensent pas, qu'ils ne rêvent pas dans cette langue. Et malgré notre désir de les aider, si on ne comprend pas la langue des patients, on ne comprend rien du tout ! La langue, c'est tout ou rien. On ne peut pas comprendre « un peu », comprendre « malgré tout » – comprendre, comme le mot l'indique, c'est tout prendre…

Certes, tout ne passe pas par la langue, mais rien ne passe sans la langue !

Des interprètes formés aux obligations de la thérapie

À la célèbre formule de Lacan, « l'inconscient est structuré comme un *langage* », qui a embarqué ma génération dans une course folle à la poursuite du signifiant, j'ai toujours préféré l'apprentissage et le respect des *langues*. Personne n'a jamais « parlé le langage », mais chacun s'est structuré au sein du territoire dessiné par une langue – parfois deux ou trois, mais guère davantage.

Alors comment intégrer la langue dans la thérapie ? En introduisant un interprète ? Non pas un interprète du genre de ceux qui œuvrent dans les procédures publiques de traduction, qui a vocation à s'effacer pour gommer les différences de langue. Celui-là parle à la place de celui qu'il traduit, donnant l'illusion, y compris dans l'intonation de sa voix, d'être lui-même l'interlocuteur. En clinique, nous avons besoin du contraire. Il nous faut distinguer le sujet de sa langue, de ses langues, marquer les différences, ou plutôt les dissonances, entre les codes qui le constituent et qu'il habite et la personne qu'il est ou qu'il prétend être. Alors, ces interprètes que nous avons invités dans les séances, nous les avons formés aux obligations de la thérapie. Nous leur avons appris à ne pas seulement traduire mais aussi *à s'arrêter de traduire* lorsque le concept ou la coutume ne peut se dire en un mot ou en quelques mots dans notre langue. Nous leur avons appris à suspendre le récit, à s'interrompre sur un mot, un concept, qu'il nous faut alors démonter ensemble, parcourir, expliquer. C'est de ces interprètes, capables de rompre le dialogue pour signaler le malentendu, c'est ceux-là dont nous avions besoin en clinique. Aujourd'hui, ces précieux, ces indispensables, nous accompagnent dans chacune de nos thérapies.

Je les ai si longtemps cherchés !

C'est à leur recherche que j'ai rencontré de belles personnes. Et la première d'entre elles, Geneviève N'koussou, la si regrettée Mam' Geneviève[7] ! Née en Centrafrique, grandie à Brazzaville, elle maîtrisait les variantes du kikongo, le lari, le munukutuba et, bien sûr, le lingala, la langue vernaculaire de la République démocratique du Congo ; mais aussi le sango de Centrafrique et le swahili… À part ces langues, elle parlait aussi un français merveilleux, précieux, agrémenté de quelques expressions canailles, à l'africaine. Surdouée en toute chose, elle savait comme

7– Geneviève N'koussou, une belle personne, née le 8 mai 1942, nous a quittés le 25 avril 2016.

Mam' Geneviève, reine
de la médiation. Elle traduisait,
mais elle était l'inverse
d'un interprète. Elle s'esclaffait
en séance, pleurait, pestait !

personne nous interrompre lorsqu'on se fourvoyait sur une fausse piste, nous alerter sur un mot, en apparence banal, mais qui sonnait à son oreille. Elle nous a quittés trop tôt, reine de la médiation, qui mettait son âme en jeu à chaque consultation. Je l'ai pleurée, l'amie disparue, ma commère, l'irremplaçable guide. Je la pleure encore. Elle traduisait, certes, mais elle était l'opposé d'un interprète. Elle ne s'effaçait pas, elle s'esclaffait en pleine séance au contraire, y allait de ses propres commentaires, pleurait aussi, balbutiait, tressautait, pestait – elle existait. Elle surgissait de sa traduction en personne singulière, contraignant chacun à l'être aussi.

Elle savait intervenir au cœur d'une séance de thérapie lorsque la patiente, soudain happée par l'esprit d'un mort, se mettait à trembler des lèvres, à hoqueter, se renversant en arrière, divaguant... « Elle est en transe, disait-elle alors, très calme. Si tu veux l'arrêter, Tobie, appuie sur son orteil avec ta chaussure... »

Elle m'a appris les petits trucs pratiques ; mais elle m'a surtout appris le Congo, l'importance des divinités, de dieu, *Zambi*, mais aussi des fétiches, *nkisi*, et l'omniprésence des sorciers, *ndoki*, qui circulent dans ce monde caché qu'au Congo, comme dans bien des endroits, on appelle la « nuit ». Nous plaisantions souvent :

– *Mam' Geneviève, voudrais-tu dire que toi aussi, tu es une sorcière ?...*

– *Et si j'étais sorcière, comment pourrais-tu le savoir ? Et crois-tu que je te le dirais ? Oui ! oui ! la nuit, je suis sorcière !...*

– *Et comment pourrais-je savoir que tu ne me racontes pas d'histoires, que tu es vraiment sorcière ? Dis-moi !...*

– *Ah Tobie ! pour cela, il te faudrait m'ouvrir le ventre ! Tu y trouverais une araignée...*

Et la voilà qui éclatait de rire, la facétieuse. Elle m'a aussi appris qu'au-dessus de tout ça, englobant le Congo en une invisible cape, planait la matrilinéarité.

– *N'oublie pas,* insistait-elle, *n'oublie jamais que chez nous, ce sont les femmes, toujours les femmes ! Nous sommes matri... !*

Elle dansait comme personne, mimant les facéties de Michael Jackson. Je ne connaissais rien de sa vie, mais je la devinais forte et libre. Puissance et intelligence des femmes. Mam' Geneviève, Mam' la belle, comme on disait naguère « Kine la belle » pour parler de Kinshasa, la ville sensuelle, Mam' l'espiègle, la rouée, Mam' la finesse ! Je n'aurais rien su du Congo sans elle...

Dans l'équipe que nous avons constituée au fil du temps à l'université, avec tous ces psychologues, ces chercheurs, ces médiateurs, arrivés, tout comme nos patients, d'Afrique de l'Ouest, d'Afrique centrale, du Maghreb, du Moyen-Orient, des îles d'outre-mer..., de fil en aiguille, d'un patient à l'autre, d'un monde à l'autre, nous avons appris, découvert des mots, des techniques, des objets, des êtres... Beaucoup ! Et pourtant, quand je dresse le bilan, nous ne savons pas grand-chose... Il y a tant à apprendre !

Laetitia et le *kimpi*

Une gamine de 8 ans qui ne parle pas à l'école. Mutique ? se demande sa maîtresse... Laetitia et sa mère étaient arrivées de Kinshasa quelques années auparavant. Au centre Georges-Devereux, nous organisons une consultation d'ethnopsychiatrie. Et nous voici réunis autour de la petite fille. Sa mère l'accompagne, une femme originaire de République démocratique du Congo. Nous sommes trois psychologues, une linguiste, une pédagogue, et nous avons bien sûr invité Mam' Geneviève. La mère se confie... Je ne comprends pas pourquoi vous dites qu'elle ne sait pas parler, s'exclame-t-elle, à la maison, elle parle beaucoup, trop même ! On s'étonne. À l'école, elle est comme mutique. Ce n'est pas Dieu possible ! Pas un mot ? Non ! Rien ! La mère se tourne vers Mam' Geneviève, s'adresse à elle en lingala. Geneviève traduit : Elle dit qu'elle connaît sa fille ; elle est volontaire, active... « Un vrai garçon manqué », ajoute encore la maman en français. Au détour de la conversation, elle tente une explication : « Peut-être le *kimpi* ? » Geneviève sursaute. Le *kimpi* ? Elle ne connaît pas ce mot-là. Est-ce du lingala ? Non ! C'est dans la langue de son ethnie ! Ah oui, bien sûr ! comme beaucoup à Kinshasa, la famille vient d'ailleurs. Elles sont du Nord... Geneviève demande à la mère d'expliquer la signification du mot *kimpi*. L'autre hésite... Elle ne se souvient plus assez bien de cette langue qu'elle ne pratique plus. Et puis, comment expliquer un mot si particulier ? Nous l'aidons par des questions... Elle finit par construire une notion. Elle nous dit : « C'est comme si on lui avait mis quelque chose dans la tête..., comme un objet... » Geneviève ajoute, pour nous aider à comprendre : « Comme un sort, quoi ! » Nous demandons encore... Mais il doit bien y avoir une manière d'aider les personnes affligées du *kimpi*. La maman se fige. Elle imagine que nous cherchons à la faire parler de sorcellerie... ou peut-être à l'embarquer dans des pratiques occultes. Elle se raidit : « Vous comprenez, nous sommes chrétiens, témoins de Jéhovah, nous ne touchons pas à ces choses-là... » Elle voulait dire que sa fille avait sans doute été victime d'un acte de sorcellerie mais qu'elle ne voulait pas y penser, car les personnes qui prétendent combattre la sorcellerie sont souvent elles-mêmes sorcières. Les Églises chrétiennes condamnent et combattent le recours à de telles pratiques.

Et puis, un mot après l'autre, par la magie du verbe intime dans la langue, tout s'est ouvert. Nous avons évoqué le lignage, les noms traditionnels de chacun, les noms dans la langue, cachés derrière les noms chrétiens. Nous avons identifié ceux qu'on appelle les « grandes personnes », les anciens, les oncles maternels chargés de protéger la famille. Ceux-là pourraient certainement intervenir, mais ils sont restés là-bas, si loin, au pays… Nous avons évidemment parlé de la matrilinéarité, de l'importance des femmes… Et la mère de Laetitia s'est soudain mise à pleurer. Elle a pensé à sa propre mère qui lui manque tant… Sa mère saurait certainement quoi faire pour aider la gamine, sa petite-fille qu'elle a à peine connue. Soudain, une fulgurance : « Le *lelemba…* » Qu'est-ce que c'est ? Une plante dont on tirait une préparation pour « laver » les enfants qui ont le *kimpi*. Mam' Geneviève la presse de questions. Elle ne sait pas en dire davantage. Elle a grandi en ville, dans un quartier de Kinshasa… Ce type de traitement ne s'administre qu'au village. Et puis elle a oublié. Long silence. Elle s'avoue « très émue » ; elle ne s'attendait

En vérité,
de la différence,
la psychanalyse
n'avait rien
à dire.

pas à ce qu'on parle du pays… et surtout avec les mots de là-bas[8]…

Ce sont deux mots intraduisibles qui ont été le véritable moteur de cette consultation : *kimpi*, qui désigne tout à la fois un désordre psychologique susceptible d'atteindre les enfants et l'acte de sorcellerie qui en serait la cause, et *lelemba*, la plante destinée à le soigner. Et le résultat de la mise en jeu de ces deux mots fut ce lien de sympathie que nous avons établi tant avec la mère qu'avec la fille.

Il est clair que notre intérêt pour les « syndromes traditionnels » et les thérapies locales a permis l'expression des souvenirs et des émotions de la mère. Il est clair aussi que cet intérêt était manifestement partagé par la fillette qui n'a rien perdu de nos échanges.

Enfant, j'avais honte de ma différence. À l'école communale, j'aspirais de tout mon être à me fondre dans le groupe de semblables que, naïvement, j'imaginais homogène. J'ai pensé que Laetitia était affligée du même mal dont j'avais souffert enfant : *la honte de révéler sa différence*… C'était sans

---

8 – Sybille de Pury, la linguiste qui assistait à cette consultation, en a rendu compte à sa façon dans : *Comment on dit dans ta langue. Pratiques ethnopsychiatriques*, Les Empêcheurs de penser en rond, 2005, rééd. modifiée du *Traité du malentendu*, Paris, Synthélabo-PUF, 1998.

doute le motif de son mutisme à l'école. Et pourquoi a-t-elle fait des progrès après notre consultation d'ethnopsychiatrie? Sans doute parce que nous nous sommes tenus avec elle sur cette ligne, cette frontière qui délimite le monde d'avant de celui d'après, la langue de la maison et la langue de l'école. Et nous avons fait en sorte que ces deux mondes qui lui semblaient séparés et conflictuels cohabitent un moment, au moins le temps d'une séance.

Quand j'ai découvert la psychanalyse, à l'adolescence, j'ai tout de suite considéré cette pensée comme un moyen de transcender les différences. Puisque nous avions tous un inconscient, tous le même qui plus est; que nous haletions tous aux mêmes fantasmes et souffrions des mêmes refoulements..., c'était simple! C'est que nous étions tous faits de la même substance, tous enfants de Freud – et de Marx, aussi, dont l'enseignement nous libérerait de nos chaînes. C'étaient les années 1970! Il ne restait plus qu'à convaincre le reste de la planète de notre commune substance.

Mais dès ma première rencontre avec un patient, j'ai vite révisé mes prétentions. Jeune psychologue, j'avais été recruté, dans un «dispensaire d'hygiène mentale» – on ne les appelait pas encore «CMP»[9]. La théorie générale,

9 – Centres médico-psychologiques.

embrassant l'humanité entière d'un même regard maternel, cette psychanalyse censée rendre compte, tant de la névrose d'une riche bourgeoise de Vienne que des ruminations mentales d'un conducteur de tuk-tuk de Bangkok, du délire halluciné d'un fumeur de crack new-yorkais que des visions d'un Indien d'Amazonie..., cette psychanalyse restait muette devant la différence. Pour elle, il n'y avait que des sujets, tous animés des mêmes fantasmes, pas très variés, je dois dire. En vérité, de la différence, la psychanalyse n'avait rien à dire.

Jean-Marie, Tamul de Pondichéry

L'un de mes premiers patients s'appelait Jean-Marie. Tamul de Pondichéry, il avait émigré en France dans les années 1960, lorsqu'il était encore possible aux citoyens des anciens comptoirs français d'opter pour la nationalité française[10]. Mais il parlait à peine notre langue, un peu mieux l'anglais ; et moi, pas un mot de tamul. Je dois avouer qu'à l'époque j'avais à peine prêté attention à cette question de langues. Mes professeurs n'avaient même pas effleuré ce

---

10 – J'en ai rendu compte dans Tobie Nathan, *La Folie des autres. Traité d'ethnopsychiatrie clinique*, Paris, Dunod, 1986, rééd. 2013.

problème durant leurs cours. Je lui ai proposé le divan et je me suis installé dans le fauteuil. C'était un homme exagérément poli, presque obséquieux. Il respectait les recommandations à la lettre. Jamais une minute de retard, jamais une séance manquée.

Il parlait mais ne disait rien ; j'écoutais mais n'entendais rien. Les séances s'étiraient en un mortel ennui.

Après quelques mois, il m'a demandé : « Que faisons-nous ensemble ? » Je ne savais que répondre. Une psychanalyse ? Comment comprendrait-il ce mot ? Quel est son équivalent en tamul, dans son milieu ? J'ai préféré me taire. Quelques semaines plus tard, il a lui-même répondu à sa propre question. « J'ai compris ! s'est-il exclamé. Vous agissez en gourou indien. Vous restez silencieux afin que je trouve le chemin par moi-même. »

La méthode psychanalytique était-elle universelle au point de fonctionner avec un patient immigré de Pondichéry ou bien était-ce le contraire ? La philosophie hindouiste dont il était pétri ne nous aurait-elle pas phagocytés, moi et ma théorie ? Est-ce la psychanalyse qui est universelle ou l'ascèse initiatique indienne menée par un gourou silencieux ?

Ni l'une ni l'autre, bien entendu !

Je crois bien que j'avais mal posé le problème en poursuivant une méthode universelle comme d'autres autrefois recherchaient la pierre philosophale susceptible de transformer n'importe quel métal en or.

Une méthode universelle de thérapie découlerait de l'existence d'une donnée naturelle – disons la psychologie humaine – et de cultures, et de langues, qui viendraient la décrire, la raconter, chacune à sa façon. Or, il n'existe aucune donnée brute, aucune « nature psychologique » initiale, rien que des expressions locales, toutes reliées à une société, à une langue, une façon d'être, de penser et de parler.

Aujourd'hui, je dirai les choses de manière plus abrupte : *il n'existe pas de maladie mentale, rien que des dispositifs locaux, des arrangements, associant des comportements, des thérapeutes, des rites et des objets*. C'est une règle, valable partout, y compris dans notre monde ! C'est dans ce sens qu'il faut comprendre la phrase de Devereux : « Il n'y a pas de psychiatrie, que des ethnopsychiatries. La psychiatrie des modernes, que l'on appelle "occidentaux", est aussi une ethnopsychiatrie[11]. »

Je me souviens de l'extraordinaire petit livre de Philippe Pignarre, *Comment la dépression est devenue une épidémie*[12]. Il y démontrait que la dépression s'est répandue dans les

---

11 – Georges Devereux, *Essais d'ethnopsychiatrie générale*, Paris, Gallimard, 1970.

12 – Philippe Pignarre, *Comment la dépression est devenue une épidémie*, Paris, La Découverte, 2012.

sociétés modernes au point d'atteindre 10 % de la population depuis l'invention des médicaments antidépresseurs. De fait, lorsque j'ai fait mes études, dans les années 1960-1970, le mot « dépression » était quasi absent de notre vocabulaire. On parlait certes de « mélancolie », mais il s'agissait d'une maladie grave et très rare, et de « neurasthénie », mais ce dernier mot était entré dans la langue courante, perdant son sens clinique pour devenir presque synonyme de « spleen », de « langueur existentielle ».

Aujourd'hui, c'est clair, la dépression est le premier diagnostic posé en psychiatrie. Puisque les moyens thérapeutiques ont précédé la définition du mal, on est en droit de se demander si les antidépresseurs n'ont pas réorganisé les souffrances individuelles pour leur donner les formes qu'on leur connaît. En un mot : les antidépresseurs auraient « créé » la dépression !

On pourra peut-être contester une proposition aussi extrême. Mais le fait est que la dépression est consubstantielle aux molécules censées la soigner, tout comme le *kimpi* qui affligeait Laetitia est consubstantiel au *lelemba*, cette plante destinée à le soigner.

« Mon ancêtre est un crocodile »

Lorsque j'étais à l'université, on rabâchait Lévi-Strauss. D'après lui, le totémisme, le fait de se reconnaître un ancêtre animal, ne serait rien de plus qu'une classification, une façon de donner un nom aux familles[13]. Alors qu'en Afrique de l'Ouest, où je commençais à me rendre, attiré là comme par un aimant, c'était une tout autre musique : les animaux « totémiques » étaient une réalité quotidienne. L'un disait qu'il était un crocodile, l'autre un python ou un lion… Ils plaisantaient certes à moitié en prononçant ce type de phrases, mais on sentait que l'appartenance à une lignée dont l'ancêtre était un animal était une pensée puissante, qu'elle constituait pour chacun une présence qui l'accompagnait en secret.

1996. Nous étions partis au Bénin, avec mon ami Lucien Hounkpatin, psychanalyste et professeur d'université, lui-même d'origine béninoise, pour mener une enquête sur les dispositifs thérapeutiques traditionnels[14]. Au sein de l'association des Guérisseurs d'Abomey, les spécialistes de la folie avaient

---

13 – Claude Lévi-Strauss, *Le Totémisme aujourd'hui*, Paris, PUF, 1962, rééd. 2017.

14 – Nous en avons rendu compte de façon détaillée dans Tobie Nathan et Lucien Hounkpatin, *La Parole de la forêt initiale*, Paris, Odile Jacob, 1996.

accepté de confronter leurs pratiques aux nôtres. Ils étaient une bonne vingtaine, réunis dans cette petite salle que leur avait allouée la mairie. « D'après vous, leur avais-je demandé, qu'est-ce qui peut rendre fou ? » Les uns avaient parlé de malveillance, d'actions sorcières, du rôle de ces charlatans qu'ils appelaient des « malfaisants » et qui fabriquaient des sorts. « Les sorts, ces objets que l'on enterre sur le passage des personnes, ce sont eux qui rendent fou[15] ! » avait énoncé l'un. D'autres avaient évoqué les esprits, les divinités tutélaires, les vaudous qui, lorsqu'ils n'ont pas été honorés, agressent les familles, causant des maladies aux plus fragiles. Nous avions discuté longuement, nous nous apprêtions à repartir. Jusque-là resté dans la pénombre, le plus ancien, un grand, très digne, chevelure et barbe aussi blanches que l'écume des vagues, s'est levé pour parler. Il se fit un silence parfait. L'homme était respecté.

– *Tout cela,* commença-t-il de sa belle voix grave, *tout est exact ! Les cas rapportés par mes collègues sont réels ; les gens dont ils parlent sont bien devenus fous, ça, on peut le dire ! Mais ils auraient pu ne pas le devenir… s'ils avaient été protégés, par exemple, par une amulette ou par un sacrifice. Moi, je vais vous répondre, vous expliquer comment vient la vraie folie, celle que nul ne peut empêcher, que nul ne peut soigner.*

---

15 – En langue fon, *Gbéwahénucégblé* : « être victime d'un mauvais sort ».

(Silence.)

– *Pour rendre quelqu'un fou de manière infaillible, sans que rien ni personne ne puisse s'y opposer...* Et il se tut encore, posant sur chacun son regard étrange, l'iris devenu presque transparent avec l'âge.

– *Pour obtenir la folie à coup sûr*, reprit-il, *il n'existe qu'un moyen:* Lui faire manger son ancêtre!

(Silence.)

– *Je veux dire: lui donner du lion si son ancêtre est un lion, de l'aigle ou du ragondin si c'est cet animal dont il descend... Alors, bien sûr, on prépare la viande en ragoût afin qu'il ne puisse reconnaître son origine.*

– *Tu as entendu?!* s'exclama Lucien, *lorsqu'on entend «Mon ancêtre est un crocodile»..., ce n'est pas une simple façon de parler!*

En se reconnaissant enfant des crocodiles, l'homme définit une part essentielle de son identité, une part qui n'est inscrite nulle part, pourtant, ni sur un registre ni sur une carte d'identité. Cette part qui le rattache comme un cordon invisible à des lignées d'ancêtres ne pourra se révéler qu'au décours d'une crise de folie, lorsque le guérisseur[16] aura posé

---

16 – En nagô, on dit *baba lao* pour désigner un tel guérisseur, ce qui signifie: «le maître du secret»... Car il s'agit bien là d'un secret! Quelquefois, la propre famille de la personne ignore ses ancêtres animaux.

son diagnostic, quelque chose comme : « Il a mangé l'ancêtre », laissant entendre que c'est bien ce qui l'a rendu fou.

Pour ces guérisseurs d'Abomey, ces professionnels de la thérapie, la folie est bien une réalité, mais elle s'exprime au confluent de pratiques : celles des « malveillants » qui ont préparé la nourriture interdite et l'ont présentée à la victime, celles des devins qui ont su « voir » l'origine du mal et celles des praticiens qui connaissent les remèdes. Elle mobilise des pensées traditionnelles sur la parenté des hommes et des animaux, sur l'origine des familles et sur les liens, parfois conflictuels, qu'elles entretiennent depuis des générations.

Alors, je me suis dit que ces guérisseurs réunis à Abomey – cela aurait pu avoir lieu à Porto-Novo (Bénin), à Lagos (Nigeria), à Douala (Cameroun), à Kankan (Guinée), ou ailleurs… –, étaient mes collègues. Nous faisons le même métier. Eux sont spécialisés dans la prise en charge des Fons[17] de la région d'Abomey. Ils maîtrisent à la perfection les deux cent cinquante-six figures du *fa*, le système de divination traditionnel. Quant à moi qui prends en charge dans ma consultation les populations immigrées de la région parisienne, il m'arrive parfois de recevoir des Béninois dont

17 – Les Fons constituent le plus important groupe ethnolinguistique du Bénin – environ 40 % de la population, soit 4 millions de personnes.

la langue maternelle est le fon. Et alors il est clair que j'ai besoin en premier lieu des connaissances de ces collègues d'Abomey de crainte de n'y rien comprendre, ni aux symptômes de mes patients ni aux manières de les soigner.

L'enfance, le temps de la pensée claire

On dit que le mot « Afrique » proviendrait de l'arabe *faraka*[18], « séparé », car ce continent serait séparé de tous les autres, tant conceptuellement (d'une autre nature) que géographiquement (inatteignable, séparé par les mers, les fleuves et les déserts). L'Afrique, ce monde autre qu'on ne parvient jamais à atteindre ; l'Afrique, où l'envers cohabite avec l'endroit.

Comment suis-je arrivé en Afrique subsaharienne ?

Tout a commencé en février 1957, le jour de mon départ d'Égypte. L'ambiance était lourde. Mes parents savaient

---

18 – Dictionnaire français-latin, dit « dictionnaire de Trévoux », 6e édition, 1771 : « Quelques Auteurs prétendent qu'elle est ainsi nommée du mot arabe Iphrik, qui vient du verbe Faraka, divisit, il a divisé, ou séparé ; et l'on apporte deux raisons de cette étymologie : la première est que cette partie de la terre est séparée de toutes les autres, soit par la mer, soit par le Nil [...] L'autre est, qu'un certain Iphric, qui a régné dans ces contrées, lui a laissé son nom », p. 148.

qu'il existait d'autres mondes ailleurs, mais ils ne les connaissaient pas. À 40 ans, ils n'avaient guère voyagé – au plus lointain, ils s'étaient aventurés jusqu'à Al-Minya, à deux cent trente kilomètres au sud du Caire. Quant à moi, qui n'avais que 9 ans, je n'avais pas dépassé Gizeh, le chemin barré par le Sphinx, l'horizon borné par les pyramides. Pour moi, l'Égypte était la totalité du monde. Nous étions de là, plantes autochtones, « Juifs du Nil[19] », en Égypte depuis des temps immémoriaux... Au temps du mythe, celui de l'Exode, nous n'étions peut-être pas partis avec Moïse ; au temps d'Euclide et d'Archimède, réfractaires au pouvoir centralisateur des prêtres de Jérusalem, nous vivions à Éléphantine, une île sur le fleuve en face d'Assouan. Là, notre communauté avait dressé son calendrier et érigé son propre temple, nous épargnant ainsi le pèlerinage de Pâque à Jérusalem[20]. Au XIIe siècle, dans Fostat, que l'on n'appelait pas encore Al-Qahira (« la victorieuse », en français : Le Caire), nous avions vu arriver Maïmonide

---

19 – Comme nous appelle Jacques Hassoun. Voir Jacques Hassoun (textes réunis et présentés par), *Juifs du Nil*, 1re éd., Paris, Le Sycomore, 1981, 2e éd., Paris, Minerve, 1990, traduit en arabe par Youssef Darwich, Le Caire, Shorouk, 2008.

20 – Joseph Mélèze Modrzejewski, *Les Juifs d'Égypte. De Ramsès II à Hadrien*, Paris, Errance, 1991.

fuyant les antisémites, tant les monarques très catholiques que les Almohades très musulmans[21]. Il nous expliquait que nous autres, Juifs, pouvions vivre dans n'importe quel pays à l'exception de l'Égypte[22]. Et nous nous interrogions. Vivions-nous dans un pays interdit aux Juifs par leur propre loi ? Comment était-ce possible ? Et lui, alors, ce Maïmonide qui nous rappelait les commandements, il s'était non seulement installé en Égypte, mais avait même été nommé *Raïs el Yahoud*, « chef de la communauté des Juifs d'Égypte »… C'était à n'y rien comprendre !

Eh bien, ce jour de février 1957, j'ai dû penser que Maïmonide avait raison ; que nous n'aurions jamais dû être là. Voilà que nous étions chassés à notre tour de cette Égypte dont notre chair était constituée. L'histoire n'avait aucune extension, elle n'était qu'un point dans le temps. Un même monarque s'élevait toujours pour nous détruire. Certes, il prenait un nom différent à chaque fois : Ramsès était devenu

---

21 – Maïmonide, que l'on appelait alors de son nom arabe : Abou Imrane Moussa ibn Maïmoun ibn Abdallah al-Kourtoubi al-Yahoudi, ce qui signifie : « Moïse fils de Maïmoun, fils d'Abdallah, le Cordouan, le Juif ».

22 – Sepher Hamitzwot, Le livre des Commandements. Six cent unième commandement : « Ne pas établir sa demeure permanente en Égypte. »

L’Afrique,
ce monde autre
qu’on ne parvient
jamais à atteindre ;
l’Afrique,
où l’envers
cohabite
avec l’endroit.

Nabuchodonosor; Nabuchodonosor, Hitler; et Hitler s'était fait Nasser… En partant, nous autres Juifs d'Égypte, ne faisions rien d'autre qu'actualiser le mythe, celui de la sortie d'Égypte, à moins que ce ne fût un autre mythe plus ancien, celui de l'expulsion du jardin d'Éden. Enfant, je ne le savais pas avec l'intelligence, mais je le savais de la totalité de mon être. Nous revivions l'Exode !

L'enfance est le temps de la pensée claire.

Plus tard, en France, dans les années 1960, je ne savais comment répondre aux questions qu'on me posait. Lieu de naissance ? Le Caire… Où ça ? Ben… en Égypte… à l'extrême est de l'Afrique… ou plutôt, non, à l'extrême ouest de l'Asie… au nord du sud, en tout cas… En plein centre des mondes, si on veut…

Sur notre passeport, les fonctionnaires égyptiens avaient apposé un tampon : *No return !* « Sans autorisation de revenir. » Après les violentes tracasseries des séquestres, les humiliations et les spoliations, nous étions expulsés !… Les derniers temps, nous éprouvions à chaque heure la terreur de voir mon père arrêté et jeté dans un camp de concentration à Abou Zaabal ou à Tourah… Partir était certes une souffrance, mais c'était aussi une délivrance. Débarrassés de l'angoisse des violences politiques, livrés aux angoisses liées à la survie.

Un départ sans retour, avait ordonné l'administration égyptienne... Nous avons obéi. Et, du moins pour ma famille, nous nous y sommes tenus. Je n'ai jamais remis les pieds en Égypte. Depuis, elle est devenue pour moi la totalité du monde et l'impossibilité d'y vivre – un paradis, autrement dit. Adulte, il a bien fallu trouver le moyen d'y retourner malgré tout, et ce fut par le détour de l'Afrique.

La première fois que l'on a attiré mon attention sur le rapport entre l'Égypte et l'Afrique, c'était durant une consultation. L'homme, un Malien, m'avait demandé : « Savez-vous d'où provient le nom de notre peuple, les Soninkés ?... D'Assouan, la ville égyptienne, dont le nom antique était Souenet. *Soninké* signifie "les gens de Souenet" ! » Je l'ai écouté. Sa proposition m'a semblé étrange : le Mali se trouve bien loin de là, à l'autre extrémité de l'Afrique, à plus de quatre mille kilomètres de l'Égypte... Et alors ? Cheikh Anta Diop n'affirmait-il pas que la civilisation, née en Afrique, avait été transmise au reste du monde en transitant par l'Égypte ? D'après lui, l'Égypte devait tout à l'Afrique et, culturellement, toute l'Afrique était égyptienne.

Les indices de cela, il les a chassés partout où il a pu, et surtout dans les mots des langues africaines où il reconnaissait des racines égyptiennes. Quant à moi, je vois surtout la parenté entre l'Afrique et l'Égypte dans l'étrange passion pour les hybrides hommes-animaux. Les masques africains, ceux des Fangs du Gabon, des différentes ethnies Congo, des Dogons du Mali par exemple, animaux dans leur grande majorité, il suffit de les imaginer sur la tête d'un danseur pour qu'aussitôt surgissent les images des dieux égyptiens, presque tous hybrides hommes-animaux. Anubis à tête de chacal, Bastet à tête de chat, Sekhmet à tête de lion, Thot, le babouin-écrivain, et tant d'autres… Sobek, surtout, le crocodile, que j'ai vu se dandiner sur la tête des danseurs dogons… Ah oui ! Il m'a toujours semblé évident que, lorsque s'animent les masques africains, les dieux égyptiens sortent de leur léthargie de pierre.

La danse des masques… Que signifie cette prise de possession du corps humain par l'être animal, jusqu'à s'emparer de sa tête ? Car les masques sont toujours des vêtements de tête. Pour quelle raison les humains s'offrent-ils rituellement aux êtres animaux? Il y a là, plus qu'une métaphore, une véritable pensée, une philosophie. C'est que les animaux sont le passé et l'avenir des hommes, la déclinaison de leurs capacités en puissance, « en dormance », plutôt. Les animaux s'offrent pour que les hommes se connectent, le temps de la danse, à la totalité de leurs possibles. Voilà pourquoi les animaux sont intrinsèquement liés aux humains.

Je suis un thérapeute. Je suis souvent parti dans des endroits reculés aux marges des mondes policés pour rencontrer ceux que j'ai toujours considérés comme des « confrères », ces femmes, ces hommes, qui soignent aussi, mais avec leurs propres méthodes, dans le cadre de leur propre philosophie. Je me suis souvent assis à leur école.

Décrypter les messages des dieux

Bénin, 1996. Ce même voyage avec Lucien Hounkpatin. Visite chez Ayato, un guérisseur installé dans un petit village en brousse entre Cotonou et Porto-Novo.

Il a fallu s'y rendre la nuit. La divination s'accommode mal de la lumière. Nous avons abandonné la voiture à la limite de la piste. Puis nous avons marché à travers la brousse au soleil couchant jusqu'à un petit hameau d'une vingtaine de cases. L'homme était plutôt jeune, moins de 40 ans. Affalé dans un transat d'un autre âge, il se donnait de grandes tapes sur le ventre pour claquer les moustiques. Il nous attendait, souriant, en sirotant un verre de limonade. Nous l'avons salué, bu l'eau de la calebasse posée sur le sol de terre battue. Il a évoqué des membres de la famille de Lucien qu'il connaissait, a parlé de la France qu'il ne connaissait pas. Et puis un silence. La nuit était tombée.

Nous allions lui expliquer le motif de notre visite, lorsqu'il nous arrêta d'un geste. Ce n'est certes pas au patient d'exprimer sa demande ; ce serait comme s'il doutait des capacités divinatoires du guérisseur. J'ai souvent observé cette même réaction chez les guérisseurs. Ils préfèrent faire une divination que faire confiance aux explications de celui qui vient les consulter.

Il versa quelques gouttes d'eau pure sur le sol, tira du tréfonds de sa case son plateau de divination, un bel objet de bois sculpté, l'enduisit de kaolin et y jeta le chapelet de demi-noix de palme, les noix aux trois yeux.

C'est qu'avant toute chose il lui fallait interroger le *fa*.

Les dieux savaient écrire bien avant les hommes.

Interroger le *fa*, c'est lire les signes que les dieux tracent sur la terre pour y inscrire les événements du monde. Lire le *fa*, décrypter ces messages des dieux, c'est révéler les racines des êtres et leur devenir. *Fa* est donc l'essence du sensible.

Lire le *fa* est tout à la fois une technique complexe et rigoureuse et un art de l'interprétation. On lit le *fa* lors d'une maladie, au décès d'un membre de la famille, avant une naissance, un mariage, un voyage..., à chaque moment critique de la vie.

Mais Fa est aussi une divinité, qui s'appelle Orunmila. On la représente en enfant joufflu, obèse et mou, totalement

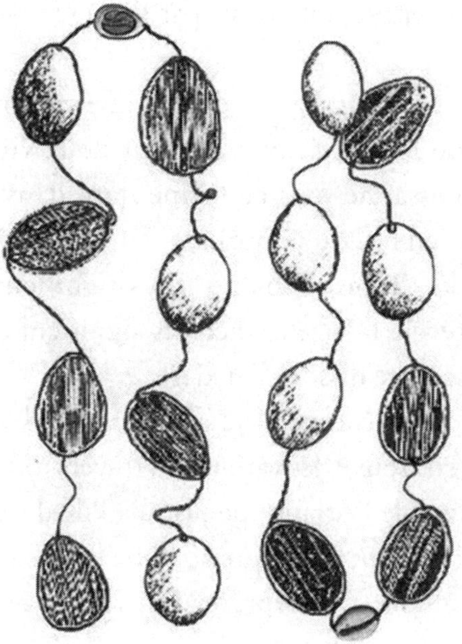

Chapelet du *fa*. On le lit
à chaque moment critique
de la vie, maladie, naissance,
mariage, voyage…

dépourvu d'ossature, rappelant par là que *la vérité n'admet aucune rigidité*.

Car, on l'a compris, Fa est vérité. Fa ne se trompe jamais.

On dit que le mot *fa* proviendrait de la ville d'Ifé, au Nigeria. Il a essaimé sous ce même nom dans les régions alentour. *Fa* (en fon du Bénin), *ifa* (en yoruba du Nigeria), *afa* (en éwé du Togo), tous ces mots signifient « ombre », puisque *fa* révèle la face cachée. Ils signifient aussi « quiétude », car la vérité dissout l'anxiété.

Mais *fa* n'est pas cantonné aux seuls pays du golfe de Guinée. On en trouve des variantes à travers toute l'Afrique, depuis les rives de l'Atlantique jusqu'à l'île de Madagascar, où on l'appelle *sikily*[23], d'un mot arabe signifiant « figure », puisqu'il consiste à interpréter les figures dessinées par les dieux.

Ayato, le *bokono*, le « devin », a déroulé son chapelet de huit demi-coquilles de noix de palme reliées par une cordelette.

Moment d'angoisse.

Il tient le chapelet par le milieu, le séparant en deux groupes de quatre noix. Lorsqu'il les « jette », chacune

---

23 – Jean-François Rabedimy, « Pratiques de divination à Madagascar. Technique du Sikily en pays Sakalava-Menabe », *Travaux et Documents de l'ORSTOM*, n° 51, Paris, 1976.

Plateau de divination par le *fa*. Seize combinaisons sont possibles, qui portent chacune un nom.

retombe soit sur le dos, soit sur le ventre. Si on note 1 le dos et 0 le ventre, on obtient à l'issue d'un tirage une configuration ressemblant à un code d'ordinateur :

11,

00,

10,

01, par exemple.

Seize combinaisons sont possibles, qui portent chacune un nom (*Gbe-Medji*, *Yekou-Medji*, *Woli-Medji*...). Ce sont les premiers « mots » auxquels renvoient les signes. Répétant l'opération, il obtient un deuxième mot, puis un troisième, des phrases, des récits, des histoires. Le corpus sur lequel il s'appuie est constitué de deux cent cinquante-six formules, toutes répertoriées. Chacune de ces formules renvoie à une légende, des proverbes, des animaux, des plantes, des objets... C'est en combinant ces données recueillies par le jet des noix que le *bokono* révélera – lui et non pas nous – d'abord l'objet de notre visite, puis ce qu'il perçoit de notre être au monde et ce qu'il peut dire de notre destinée.

Le côté systématique de la divination par le *fa* et le caractère mathématique des combinaisons confèrent à cet appareillage une impressionnante rigueur.

Parmi les guérisseurs d'Abomey que nous verrons deux ans plus tard, il y avait un spécialiste du *fa*. Lors de notre rencontre avec eux, les autres l'appelaient le « radiologue », parce qu'il pouvait lire au-dedans des personnes grâce à son chapelet de noix, comme les rayons X permettent de voir l'intérieur des corps.

Complexité de la divination

Comment pénétrer ce lacis de techniques, de récits et de gestes à la complexité impressionnante ?

Nous disposons heureusement d'un ouvrage d'une qualité exceptionnelle pour nous aider à comprendre quelque peu les mécanismes de ces divinations. Ce livre a été rédigé au début des années 1940 par un ethnologue qui était aussi administrateur des colonies, en résidence à Cotonou, dans ce pays qui s'appelait alors Dahomey. Son intention était manifestement de mettre en valeur l'extraordinaire complexité de la divination par le *fa*, contre la théorie commune qui considérait que les techniques des peuples éloignés étaient de naïves applications de la pensée magique. Il fallait un révolté pour penser contre l'évidence. Son auteur, Bernard Maupoil, avait beau être haut fonctionnaire, issu de la grande bourgeoisie, il était aussi un militant. Il avait écrit des pamphlets contre la violence de la colonisation et s'était engagé dans la lutte contre le franquisme puis contre le nazisme. Ses prises de position le firent repérer par l'administration. Il fut bientôt inscrit sur la liste noire du fait de son soutien à la tentative échouée du général de Gaulle à Dakar.

Contraint par l'administration de Vichy de rentrer en métropole, Maupoil s'engagea aussitôt dans la résistance et anima le réseau Cahors-Asturies. Il avait à peine fini de rédiger sa thèse d'État sur la géomancie au Dahomey (les techniques du *fa*) quand il fut capturé par la Milice et livré à la Gestapo. Assassiné par les nazis à Dachau en décembre 1944, il nous a laissé une sorte de bible intitulée *La Géomancie à l'ancienne côte des esclaves*. Ce livre[24], résultat d'une patiente enquête de terrain, est si précieux que les Béninois eux-mêmes s'y réfèrent pour comprendre leur propre système divinatoire.

Adopter la position des mondes éloignés pour appréhender le monde, défendre leurs langues, leurs systèmes de soins, leur intelligence, telle était la position de Bernard Maupoil, élève fidèle de Marcel Mauss, comme le fut aussi Georges Devereux, mon maître.

Je dois dire que c'est chez Ayato, en 1996, que mon esprit a basculé. Jusque-là, je considérais ces recherches sur les

---

24 – Bernard Maupoil, *La Géomancie à l'ancienne côte des esclaves*, Paris, Institut d'ethnologie, 1943, rééd. Paris, Musée de l'Homme – Institut d'ethnologie, 1988.

thérapies traditionnelles comme un travail intellectuel, certes indispensable à l'apprentissage de mon métier, mais extérieur à moi, malgré tout. Ayato m'a montré que l'intelligence des choses vient toujours avec les sensations et les émotions.

Il nous a « lu le *fa* », lentement, entrecoupant ses lancers du chapelet de tournées de *sodabi*, le gin local. Et il parlait, il se frappait le ventre en s'esclaffant bruyamment. Il noyait ses paroles, souvent profondes et complexes, sous un flot de plaisanteries ou de banalités énoncées sur un ton badin.

Nouvelle tournée de *sodabi*, nouveau lancer du chapelet... À un moment, il m'a tendu une poterie en forme de marmite et m'a demandé de la poser sur ma tête. Je l'ai fait, bien sûr. Et lui, l'air de rien, qui continuait à discuter avec Lucien en langue fon. Et moi qui ressentais des drôles de vibrations au-dessus de ma tête. Au bout de quelques minutes, j'en étais certain, un être se déplaçait dans la poterie, animée d'un mouvement circulaire. Ayato me regardait en riant. J'étais de plus en plus inquiet. Je pensais qu'il pouvait s'agir d'un serpent. Je ne disais rien mais le suppliais du regard. « Regarde-la ! me proposa-t-il enfin. Regarde, tu verras qu'elle est vide. » J'ai pris la poterie dans les mains. Le mouvement avait disparu. Je l'ai secouée. Rien ! C'était une simple poterie, et elle était vide !

Pas un commentaire, pas une explication. Et lorsque j'ai demandé à Lucien ce qu'il y avait dans cette poterie, il m'a répondu du même sourire qu'Ayato. Ce voyage au Bénin, je l'ai fait il y a près de vingt-cinq ans. J'ai eu le temps de m'interroger bien des fois sur la signification de cette marmite habitée, sur son éventuel contenu, sur les sensations qu'elle a provoquées en moi. Quelles que soient les réponses qui se sont succédé dans mon esprit, cette poterie s'est ancrée dans ma mémoire, agglutinant autour d'elle toutes les paroles, toutes les actions d'Ayato. Aujourd'hui encore, lorsque je reçois un patient parlant le fon du Bénin, elle se trouve là, au-dessus de ma tête.

Elle me rappelle cette explication que donnent les Juifs pieux à l'obligation de porter une kipa, la petite calotte que certains ne quittent jamais. « C'est pour se rappeler qu'il y a toujours quelque chose au-dessus de toi ! » disent-ils… Eh bien, c'est exactement ce qu'a fait la marmite d'Ayato : me convaincre de l'existence des puissances, me poser sur le crâne une invisible kippa.

Soigner est toujours un travail sur mesure, un travail d'artisan. Par des exemples personnels, j'ai essayé d'attirer l'attention sur l'obligation d'apprendre, de se mettre à l'école du monde du patient. Entrer dans sa langue, s'interdire de railler son dieu (ses dieux), ses objets, ses amulettes et ses fétiches. Soigner, c'est apprendre un monde, le découvrir, l'explorer.

Soigner, c'est toujours apprendre, jamais savoir !

Apprendre et transmettre

J'ai travaillé avec Devereux durant dix années. Apprentissage ardu, exigeant, amitiés, rencontres, découvertes… Lorsque je l'ai rencontré, j'avais à peine 21 ans. Auprès de lui, j'ai appris les principes de l'ethnopsychiatrie. C'étaient seulement des principes. Lui n'avait quasiment jamais pratiqué. Il avait longtemps été ethnologue, d'abord chez les Sedangs, tribus moïs du Vietnam[25], puis en Amérique du Nord, quelques mois chez les Hopis et enfin lors de son long travail avec les Mohaves d'Arizona. Ethnologue, ça ne nourrissait pas son homme ! Après-guerre, il lui a fallu se reconvertir pour assurer sa subsistance. C'est alors qu'il a suivi une longue formation à la psychanalyse dans la clinique de Karl Menninger, à Topeka, au Kansas. C'est là qu'il a fait ses premières expériences d'ethnopsychiatrie,

---

25 – Les Moïs peuplaient les hauts plateaux du Vietnam. Ils étaient 800 000 en 1954, à peine 200 000 en 1966. Persécutés par les pouvoirs successifs, ces peuples autochtones ont quasiment disparu aujourd'hui.

notamment avec un Indien dont il nous parlait souvent durant les séminaires, un Indien de la tribu des Blackfoots, qu'il avait nommé dans son livre Jimmy Picard.

En 2013, Arnaud Desplechin a réalisé un film[26] à partir du récit de la psychothérapie de cet Indien conduite par Devereux. C'est son film « américain », presque un western, tant les passions humaines sont exhibées, à vif. Un film d'amitié, aussi, qui associe deux hommes que rien ne rapproche, sinon leur humanité commune.

À l'origine de ce film, donc, un livre, étrange, contradictoire, multiple : *Psychothérapie d'un Indien des Plaines*, de Georges Devereux[27]. On dit que Desplechin en est tombé amoureux – je le comprends ! Ce livre est si riche… Premier ouvrage d'un auteur génial et méconnu, il a d'abord été publié en 1951 aux États-Unis. Il s'agit du compte rendu intégral, séance après séance, de la prise en charge d'un Indien Blackfoot, vétéran de la Seconde Guerre mondiale, ayant

---

26 – *Jimmy P. (Psychothérapie d'un Indien des Plaines).*

27 – Georges Devereux, *Reality and Dream : Psychotherapy of a Plains Indian*, introduction de Karl Menninger et Robert Harry Lowie, New York, International University Press, 1951, 615 p., 2e éd. augm., préface de Margaret Mead, New York, Doubleday & Co, 1969. Traduit en français sous le titre : *Psychothérapie d'un Indien des Plaines. Réalité et rêve*, préface d'Élisabeth Roudinesco, Paris, Aubier, 1998.

développé une « névrose traumatique » – ce qu'on appellerait aujourd'hui un « trouble de stress post-traumatique ». Blessé à la tête au cours d'un accident, Jimmy Picard, quoique physiquement guéri, continuait à présenter des symptômes, des céphalées, des vertiges, l'invasion d'images oniriques. Il était devenu, de plus, alcoolique et caractériel. Accueilli au Winter Veterans Hospital de Topeka, au Kansas, dans cette clinique d'orientation psychanalytique dirigée par Karl Menninger, il y rencontrera Georges Devereux, qui fera avec lui ses premiers pas de psychanalyste.

Ce livre est à peu près unique dans la production psychanalytique mondiale. Il fait d'abord partie des très rares exposés intégraux d'un cas clinique, tellement rigoureux qu'il en paraît naïf dans son souci de transparence totale. Mais derrière ce premier regard, on prend vite conscience qu'il véhicule une hypothèse explosive. Pour soigner un Indien Blackfoot, il ne suffit pas de maîtriser la psychopathologie générale et la technique psychanalytique, il faut aussi une connaissance de la culture Blackfoot – et cela pour atteindre le noyau de la personne et mobiliser ses forces propres. C'est la première fois qu'un texte psychanalytique explore une telle hypothèse de manière systématique et jusqu'à son accomplissement, c'est-à-dire la guérison du patient. Car Devereux était de ces psychanalystes qui ne craignaient pas de parler de guérison. Il en faisait même le critère permettant de distinguer une psychothérapie véritable d'une simple suggestion.

Le caractère critique – je dirais même révolutionnaire – de cette œuvre n'apparaît pas au premier regard mais travaille le lecteur à son insu. Les questions se succèdent en une cascade naturelle. On se demande : et pour soigner un Chinois, est-ce la même chose ? Et alors... un Texan, aussi ? Et un Viennois ? Bien sûr ! Et un Français ?... Doit-on aller plus loin encore dans l'approfondissement des connaissances ?... Ne pas s'arrêter à sa francité, explorer le Breton, le Corse ou le Bourguignon qui se cache derrière le « Français » ?... Et jusqu'à quelle génération ? Et comment penser les métis ? Ne le sommes-nous pas tous à des degrés divers ? Et si la psychanalyse était une science, ce que l'on voulait penser à l'époque où écrivait Devereux, quelles seraient les conditions de son universalité ?

Lui pensait que la connaissance de la culture du patient, ou au moins la familiarité avec les processus culturels, permettait seule d'atteindre cette universalité. Curieux paradoxe qui faisait de l'analyse fine du local la condition d'accès au global.

Mais au-delà de cette tension vers l'universel qu'il cherchait toujours à atteindre, on a beau lire son texte attentivement, il y a toujours un reste. Et d'abord une question : Jimmy Picard, son fameux patient, partageait-il le même intérêt que son thérapeute pour l'universel ? Souhaitait-il transcender sa propre culture pour atteindre une humanité « transculturelle » ? Ce n'est certes pas ce qui apparaît à la lecture du cas. Devereux avait beau lui expliquer le but du traitement, Jimmy restait persuadé que Devereux était une sorte de shaman indien, tout comme mon patient tamul me voyait en gourou indien. Quant à Georges, il pensait que l'Indien faisait un « transfert » de type paternel. À se demander si, malgré tous leurs efforts de traduction, tant ceux de l'un que ceux de l'autre, chacun ne continuait pas à chanter sa propre chanson.

Au séminaire d'ethnopsychiatrie, Devereux parlait souvent de Jimmy Picard, ce fameux Indien Blackfoot. Il racontait volontiers l'anecdote suivante : Jimmy avait rêvé de Devereux. Ce dernier avait passé la séance à interpréter ce rêve. Mais au moment de le quitter, sur le pas de la porte, alors qu'il lui serrait la main, Jimmy lui a demandé : « Où êtes-vous parti après être venu dans mon rêve ? Êtes-vous parti visiter un autre rêveur ? » Conformément aux théories des Indiens de son ethnie, il était certain qu'en apparaissant dans un rêve la personne rejoignait l'âme du rêveur. Et Devereux de conclure : « Il restait un Indien malgré tout, pour qui le rêve est au moins aussi réel que la réalité… » D'où le premier titre de l'ouvrage : *Reality and Dream*, « Réalité et Rêve ».

Une passion pour l'humain

Passé inaperçu, tant au moment de sa première publication aux États-Unis que trente ans plus tard, dans son édition française, ce livre a pourtant marqué le début de l'aventure ethnopsychiatrique. Georges Devereux, intellectuel européen, érudit à la manière des savants du siècle dernier, immigré en Amérique, psychanalysait un membre d'une tribu autochtone et surtout en tirait des leçons ayant valeur de théorie générale. Nous autres, ses étudiants, travaillions à l'inverse, puisque psys « autochtones », nous entreprenions de soigner de manière spécifique des immigrés provenant de tous les pays possibles. Mais le principe restait le même : apprendre le monde de l'autre pour l'aborder.

Dans son film, Arnaud Desplechin a su dramatiser avec bonheur le côté expérimental de l'entreprise de Devereux, qui apparaît en chercheur passionné par la connaissance – ce qu'il était avant tout. Le film fait aussi ressortir l'exceptionnelle générosité de Devereux. Moi qui l'ai connu, je pense que ses réussites thérapeutiques provenaient sans doute pour beaucoup de cette passion pour l'humain qui exsudait de lui. Sa technique psychanalytique était à l'opposé de celle qu'on enseignait en France ; elle était chaleureuse et empathique. Il nous racontait que, à l'issue d'une séance, si le patient avait été particulièrement angoissé, il lui proposait de bavarder un moment. Il lui arrivait même de l'inviter à dîner ou de l'accompagner un bout de chemin pour apaiser l'intensité des émotions déclenchées par la séance.

Dans le film de Desplechin, Benicio del Toro, immense, inspiré, est manifestement devenu l'Indien Jimmy Picard, s'étant laissé habiter par lui. Il a cette force contenue, cette dignité dans la souffrance qui sonne juste et fait vibrer l'âme. Mathieu Amalric incarne un Devereux surprenant, vibrionnant, à la fois nostalgique de son Europe perdue et à la recherche d'une insaisissable vérité. Il est vrai que Devereux était un personnage romantique, un musicien avant tout, un éternel amoureux, surtout. Dans le film, l'histoire d'amour avec Madeleine, qui vient vivre durant quelques mois dans sa chambre à l'hôpital de Topeka, est manifestement inventée. Mais elle vient rappeler la véritable passion que Devereux nourrissait pour les femmes. La selle qu'elle lui rapporte en cadeau, lorsqu'elle vient d'Angleterre jusqu'au Kansas pour le visiter, et les cavalcades de concert sont un clin d'œil à son amour des chevaux. Au tableau,

Devereux était
un personnage
romantique,
chaleureux
et empathique.
Un musicien avant
tout, un éternel
amoureux.

il manque seulement son chien, son colley roux et blanc, qui l'accompagnait partout à Topeka.

Car Devereux aimait à la passion les femmes, les chevaux et les chiens.

Plus encore, une autre question court à travers ce texte : celle de l'engagement social de celui qui pratique l'ethnopsychiatrie. Jimmy Picard était un Blackfoot, un Indien, un véritable indigène – issu de ceux qu'on appellera plus tard les « peuples autochtones ». Son grand-père, qui l'avait tenu, enfant, sur ses genoux, avait combattu à la célèbre bataille de Little Big Horn. Durant la Seconde Guerre mondiale, Jimmy avait renoncé à la vie dans la réserve parmi les siens et cherché à s'intégrer en s'engageant dans l'armée américaine. Sa tribu avait été militairement battue, humiliée, dépossédée, réduite à une vie confinée de parias. Il avait néanmoins risqué sa vie pour défendre ce pays qui avait nié son identité. Georges ressentait une sorte d'obligation morale, celle de tout faire pour le guérir.

Cette obligation morale, j'ai un peu honte de l'avouer ici car la morale n'a jamais fait bon ménage avec la science, est partie constituante de l'ethnopsychiatrie. Bernard Maupoil, quoique haut fonctionnaire, était un militant anticolonialiste et un résistant. Ernesto de Martino, le célèbre ethnologue italien qui a consacré sa vie à l'étude des rituels magiques du sud de l'Italie, était lui aussi un militant, communiste, engagé dans la défense du petit peuple du sud de l'Italie, sans parler de Frantz Fanon – il faudrait lui consacrer tout un livre –, jeune psychiatre extrêmement doué, qui s'est voué corps et âme à la cause de la décolonisation. Et le premier de tous, Louis Mars, l'inventeur du mot « ethnopsychiatrie », un psychiatre haïtien passionné de vaudou, était lui aussi engagé dans les activités politiques liées à la décolonisation. Dès les années 1930, il scrutait la culture haïtienne à la recherche de dispositifs thérapeutiques. Il a écrit sur les zombies, sur le vaudou, sur les rituels thérapeutiques sous forme de transe[28]. Pour lui, il était évident que le peuple haïtien, son peuple, était dépositaire de techniques de soin anciennes, profondes et efficaces. Reconnaître ces faits, les mettre en valeur, s'en faire le porte-parole était pour lui à la fois son travail de psychiatre et de chercheur mais aussi un acte politique.

Dès sa naissance, l'ethnopsychiatrie contenait donc une sorte de profession de foi : la pensée complexe n'appartient

---

28 – Louis P. Mars, « The Story of Zombi in Haiti », *Man: A Record of Anthropological Science*, vol. 45, n° 22, 1945, p. 38-40 ; « La crise de possession et la personnalité humaine en Haïti », *Revue de psychologie des peuples*, t. 17, n° 1, 1962, p. 6-22 ; « La psychiatrie au service du tiers monde, nouvelles considérations », *Psychopathologie africaine*, vol. 2, n° 2, Dakar, 1966.

pas aux seuls peuples riches. Les pauvres pensent aussi ! Par la suite, Louis Mars abandonna la pratique de la psychiatrie, se consacrant toujours plus à la politique[29]. Mais, lorsqu'il était psychiatre, il préconisait volontiers de faire de l'« ethnopsychiatrie » plutôt que de la psychiatrie. Il pensait qu'il ne s'agissait pas seulement d'efficacité thérapeutique, mais aussi d'engagement moral.

Un samedi de 1973, je m'en souviens, Louis Mars, qui était son ami, assista au séminaire de Devereux. Il y fit un exposé sur le vaudou en Haïti. Il nous parla de l'importance politique de l'ethnopsychiatrie, du rôle qu'elle avait joué dans la construction d'un pays moderne, du rôle qu'elle devait jouer dans l'intégration des immigrés. J'ai retenu la leçon.

Ouvrir les noms

Psychothérapie d'un Indien des Plaines… j'ai aussi tiré de ce livre la première des règles en matière de clinique : l'obligation d'« ouvrir les noms ». Lorsqu'il rencontre Jimmy

---

29 – Le docteur Louis Mars (1906-2000), médecin, psychiatre, a été membre de l'Académie de médecine de New York et couronné par l'Académie de médecine de Paris. Il a été élu député en 1946 et fut un temps ministre des Affaires étrangères d'Haïti. Par la suite, il a eu une longue carrière diplomatique.

Picard, les premiers mots de Devereux, après s'être présenté lui-même, sont pour demander à l'Indien la signification de son nom. « Comment vous appelez-vous ? » Et l'autre de répondre : « Jimmy Picard. » « Mais non ! répliqua Devereux, votre vrai nom !... – Vous voulez dire mon nom indien ? Pour quelle raison voulez-vous le connaître ? Vous parlez le blackfoot ?... – Non ! Mais je connais bien d'autres tribus indiennes et je sais l'importance du nom... » Finalement Jimmy a livré son nom indien. Et c'est alors que Georges a commencé à l'« ouvrir » avec lui. Ils finirent par tomber d'accord : « Ça veut donc dire : "Tout le monde parle de lui"... » Nom prémonitoire, s'il en est, puisque cet homme restera dans les mémoires, et cela jusqu'à nos jours, grâce à son thérapeute, précisément. Mais ce jour-là, Devereux est allé plus loin encore, se renseignant sur ses appartenances, les « sociétés » auxquelles était rattachée sa famille... Ils appartenaient au groupe du Crazy Dog. Devereux connaissait cette société guerrière composée d'hommes si courageux au combat qu'ils y partaient sans jamais prendre garde au danger, et même parfois sans arme, équipés d'un simple hochet[30].

---

30 – Georges Devereux, *Psychothérapie d'un Indien des Plaines*, *op. cit.* p. 242.

Je ne manque jamais de demander à un patient, d'où qu'il provienne, l'origine de son nom et sa signification.

Si Devereux a introduit dès le début, dès son premier livre, la question de la clinique, je dois dire qu'il n'a jamais formalisé sa technique, ne l'a pas systématisée, n'a pas cherché à créer des dispositifs spécialisés. Je l'ai longtemps écouté, j'ai lu toute son œuvre, je n'ai jamais entendu parler d'un autre cas d'ethnopsychiatrie, d'un cas entier traité à partir de l'analyse des dispositifs thérapeutiques de l'ethnie du patient.

Nous étions quelques-uns parmi ses élèves à chercher à appliquer son intuition première à la prise en charge des immigrés, Albert Ifrah, Philippe Gérin, Maria Inês Sampaio... Il était passionné par notre projet, envisageait même d'y participer, s'était engagé à nous superviser... Et puis nous nous sommes brouillés. C'était en 1980.

Des consultations à l'allure de forums

Création de la première consultation d'ethnopsychiatrie, début des années 1980, dans le service de psychiatrie de l'hôpital Avicenne, alors dirigé par le professeur Serge Lebovici.

Pour introduire la langue, j'ai donc systématiquement invité un, puis des « médiateurs », connaissant les mondes du patient. Je venais de rompre définitivement avec l'habitude

À la sortie d'un séminaire
de Devereux, un samedi
de 1976, dans un café,
rue de Tournon, à Paris.
À l'extrême droite, Albert Ifrah,
un étudiant, à l'extrême gauche,
Tobie Nathan.

du colloque singulier. Bientôt, mes consultations prendraient l'allure d'un forum, d'un espace ouvert où l'on discuterait, se disputerait, boirait du thé, de l'orangeade et du café tout en évoquant un problème.

Il ne s'agissait plus dès lors de « traiter » un patient, mais de tenter de résoudre un problème qui, certes, affligeait une personne, mais concernait sa famille et son groupe. Dans cette discussion, tout le monde allait participer : le patient en premier lieu, mais aussi les membres de sa famille, les médiateurs, les thérapeutes, les stagiaires... Pour cette consultation, qui se tenait le vendredi, le professeur Serge Lebovici, le chef de service, me prêtait son bureau. Et c'était la cohue ! Les familles africaines, accompagnées de leurs travailleurs sociaux, les thérapeutes, les experts, les stagiaires, tout ce monde agglutiné dans cette pièce qui paraissait soudain si petite... Lebovici y passait quelquefois, participait, posait une question, hasardait une interprétation et repartait... Il aimait les groupes, les discussions, les confrontations. Ses théories étaient souvent à l'opposé des miennes, mais il aimait par-dessus tout argumenter, ferrailler. Il m'avait invité dans son service, offert la chance d'organiser ces consultations. Autre temps, où la différence de pensées constituait une richesse et non pas le motif d'une guerre ! Je ne saurais assez le remercier pour son ouverture.

C'était un véritable clinicien, de ceux qui sont surtout animés par la curiosité. Nous apprenions les mondes, nous encouragions l'expression des singularités, nous évoquions les dieux et les diables…

On a tout de suite commencé à me poser la question de la transmission. Comment enseigner ce que j'apprends, et toujours si difficilement auprès des patients ? À l'hôpital Avicenne, les internes, les chefs de clinique participaient à ma consultation. Ils posaient sans cesse des questions. Eux aussi souhaitaient se former. Plus tard, mes étudiants en thèse, les stagiaires, des philosophes sont venus participer aux consultations, Isabelle Stengers, la première, puis Bruno Latour, des ethnologues, aussi… Tous se préoccupaient de transmission.

Isabelle Stengers, qui écrira une magistrale préface à mon livre *Nous ne sommes pas seuls au monde* – introduction qui m'a appris ce que j'étais en train de faire dans le centre Georges-Devereux naissant[31].

Et moi, je savais qu'enseigner, ce n'était pas savoir mais apprendre. Comme le disait Yohanan ben Zakkaï[32] : « J'ai

---

31 – Isabelle Stengers, « Le laboratoire de l'ethnopsychiatre », préface à Tobie Nathan, *Nous ne sommes pas seuls au monde*, Paris, Les Empêcheurs de penser en rond, 2001.

32 – Rabban Yohanan ben Zakkaï, le créateur du Talmud, aurait vécu plus de cent vingt ans, de 47 av. J.-C. à 73 apr. J.-C.

plus appris de mes élèves que de mes maîtres.» Il voulait sans doute dire que l'obligation d'expliquer à ses élèves contraint à comprendre davantage, à mettre en ordre sa propre pensée.

Au début, j'ai fait comme tout le monde. Je me suis laissé entourer par des élèves qui se disaient disciples, par des apprentis qui s'imaginaient sorciers. Mais je ne me suis jamais pensé en maître. Je savais que, en matière de thérapie, nous sommes perpétuellement élèves, à l'école du patient, car c'est lui, toujours lui, le seul maître.

Tous ces gens qui m'entouraient voulaient une école, ils voulaient dessiner des filiations, obtenir des labels, des autorisations. Ils voulaient m'instituer en guide, en chef. J'ai toujours refusé. J'ai toujours su que l'école paralyse le maître et empoisonne l'élève.

Parvenu à l'automne de ma vie, je me décide à expliquer ce que j'ai compris de ma propre technique. Je veux contribuer ici, à ma mesure, à la lutte contre l'opacité. Je déteste les gourous, les mages et les faiseurs… Le monde de la thérapie en est plein ! Je m'en vais donc raconter pour expliquer ; expliquer pour dévoiler mais aussi pour donner du courage à ceux qui s'engagent dans le métier.

Pratiquer la thérapie est à la fois action sur le monde et œuvre de connaissance du monde. En matière de psychologie, si la thérapie n'est qu'action, elle échoue misérablement dans l'ennui. Et si elle n'est que connaissance, elle durera des années, des dizaines d'années, alors que le monde sera en train de changer sous nos yeux.

C'est cette ambiguïté fondamentale du thérapeute que j'entends restituer ici ; lui qui découvre en faisant, qui fait en défaisant.

C'est à cette connaissance du multiple et du complexe que j'invite le lecteur. Je n'aime pas le mot « diversité », qui laisse entendre que la différence est un détail. La différence n'est pas un détail ; c'est l'essentiel ! La multitude des langues et des cultures est la véritable richesse du monde et elle n'est mise en péril que par notre refus d'admettre la fécondité des différences.

Le prophète Mohammad disait que Dieu nous a faits différents, afin précisément que nous nous entre-connaissions. J'en ferais volontiers la maxime de l'ethnopsychiatrie telle que j'aime la pratiquer.

> « *Ô hommes ! Nous vous avons créés d'un mâle et d'une femelle, et Nous avons fait de vous des nations et des tribus, pour que vous vous entre-connaissiez…* »
>
> Sourate Al-Hujurat, 49-13

Les Êtres

Le si plein et le presque vide

Transe : du vieux français transir *(du latin* transire*), qui, au Moyen Âge, signifiait « partir », « passer », « s'écouler » ; le mot était souvent utilisé pour dire « passer de vie à trépas » et donc « mourir ». Aujourd'hui, la transe désigne des états, le plus souvent induits, au cours desquels la personne prête son corps et sa voix à des êtres invisibles.*

Hypnose : de l'adjectif « hypnotique », qui signifie « ce qui provoque le sommeil ». L'hypnose désigne un état modifié de conscience, une sorte de sommeil, rendant le sujet sensible aux inductions d'un hypnotiseur.

Léon Chertok, celui qu'à la suite de Gilles Perrault[1] on appela « le Docteur » tant il en assumait joyeusement les prérogatives, me questionnait ainsi :

---

1 – Léon Chertok fut un résistant très actif durant la guerre. Il a notamment participé au réseau communiste l'Orchestre rouge, mais aussi à des réseaux de sauvetage des enfants juifs (l'Œuvre de secours aux enfants – OSE). D'après de nombreux témoignages, il aurait…

« Vous qui voyez des gens pris dans des démarches traditionnelles, des gens en transe, des gens possédés, dites-moi : lorsqu'ils sont en transe, c'est bien la même chose que l'hypnose, n'est-ce pas ? »

La première fois qu'il m'a posé cette question, j'ai été étonné, car je ne voyais rien de comparable entre les deux phénomènes. L'hypnose est un effacement temporaire du sujet, alors que la transe est toujours l'occasion d'une rencontre avec un être. Mais les questions de Chertok ne disparaissaient pas ainsi, même s'il les posait en souriant, parfois même en s'esclaffant. Sur le moment, on n'y prêtait pas plus d'attention que ça, et avec le temps on finissait par se rendre compte qu'il avait infiltré une idée dans notre tête, une idée qui y avait secrètement poursuivi son chemin. Ce n'est donc que bien plus tard que sa question m'est revenue, à la lecture du premier livre qu'il avait écrit avec Isabelle Stengers.

La proposition de Chertok était à la fois simple et ambitieuse. D'après lui, l'hypnose, cet énigmatique sommeil éveillé artificiellement provoqué, contiendrait, isolée, quasiment à l'état brut, l'essence du phénomène qu'on appelle habituellement « transse », lors duquel des personnes – surtout

---

...montré un courage proche de l'inconscience. Voir Gilles Perrault, *L'Orchestre rouge*, Paris, Fayard, 1967, rééd. 1989.

des femmes – offrent leur corps et leur parole à des êtres surnaturels, des diables, des esprits, des divinités ou à l'âme errante de disparus… La Pythie de Delphes, par la bouche de laquelle parlait Apollon, était en transe, la médium à qui l'on va demander des nouvelles d'un proche décédé l'est également, tout comme les femmes qui se laissent posséder par la musique[2] dans les rituels de possession pour donner vie et voix aux *loa* en Haïti, aux *zar* en Éthiopie, aux *rab* au Sénégal ou aux *mlouk*, au Maroc… Au centre de tous ces phénomènes relativement répandus, qui tiennent à la fois du rituel religieux et de la fête musicale, résiderait donc un noyau dur, héritage d'une commune humanité : l'hypnose, cette capacité à s'abstraire de soi-même, fût-ce pour abandonner la place à une entité.

Et Chertok voulait explorer encore plus loin. Il se demandait si l'hypnose ne pourrait pas être une particule élémentaire – la première mise au jour –, que l'on retrouverait non seulement dans toute psychothérapie des « modernes », mais aussi au cœur de ces thérapies des mondes éloignés que sont le « shamanisme » ou la « possession » et même dans le « magnétisme » des guérisseurs de nos campagnes. D'après

---

2 – Gilbert Rouget, *La Musique et la Transe. Esquisse d'une théorie générale des relations de la musique et de la possession*, Paris, Gallimard, 1980.

lui, toutes ces thérapies pourraient partager un noyau commun, ce qui expliquerait leur efficacité comparable. Je dois dire qu'on pense encore ainsi de nos jours, notamment dans les élaborations de la notion d'« états modifiés de conscience ».

États modifiés de conscience : sous l'intensité d'émotions particulières, telles que des traumatismes violents, ou par l'excitation frénétique provoquée par la musique et la danse, certaines personnes verraient leur conscience modifiée, leur rapport à l'espace et au temps bouleversé, et leur propre identité métamorphosée. Ce serait donc du fait du bouleversement de la conscience qu'on deviendrait réceptif à la suggestion d'un hypnotiseur ou d'un thérapeute.

À mon sens, les « états modifiés de conscience » sont une simple description, une paraphrase des événements du monde. Ils n'expliquent rien.

On voit en revanche l'intérêt idéologique d'une telle théorie. Avancer l'hypnose comme phénomène premier de toute thérapie, y compris des possessions mystiques, aurait pu finir de laïciser la transe, la débarrasser de ses oripeaux religieux, de ses esprits et de ses diables, pour laisser apparaître le phénomène dans une « pureté scientifique ». Prétention naïve, c'était au temps de l'après-guerre, un temps où la pensée marxiste était prédominante, où l'on ne perdait aucune occasion de régler leur compte aux vieilles « croyances », de débarrasser le peuple de ses opiums.

Léon Chertok racontait ainsi à Isabelle Stengers sa première rencontre avec l'hypnose. En 1949, au tout début de sa carrière, une patiente l'aurait mis sur la voie. Madeleine, 34 ans, était mariée. Mais lorsqu'on lui demandait qui elle était, elle répondait en toute sincérité qu'elle était célibataire et âgée seulement de 22 ans. Où donc avaient disparu les douze années manquantes de sa vie ? Lors de son passage à Vienne durant ses études de médecine, Chertok avait vu un de ses professeurs pratiquer l'hypnose. Il a donc eu l'idée d'appliquer à Madeleine cette technique dans laquelle il s'était un peu exercé durant la guerre. Il lui a demandé de s'allonger, de se détendre et de fixer les deux doigts qu'il déplaçait sous ses yeux. Elle s'est aussitôt endormie. Sous hypnose, obéissant aux inductions de Chertok, Madeleine retrouva les douze années perdues et, surtout, en conserva le souvenir après son réveil[3]. Tel est le fait brut qui a fracturé le docteur Léon Chertok au tout début de sa carrière, le constituant définitivement en tant que clinicien. L'hypnose avait permis à Madeleine de lever son amnésie. À ceux qui

---

3 – Léon Chertok et Isabelle Stengers, *L'Hypnose, blessure narcissique*, Paris, Les Empêcheurs de penser en rond, 1999, p. 5-6.

doutaient comme à ceux qui détenaient une explication, il posait invariablement cette même question : « Expliquez-moi, Madeleine ! »

L'hypnose comme sésame

Critiqué par les maîtres de la médecine, injurié par les psychanalystes[4], Chertok a tenu bon ; il n'a jamais cessé de pratiquer l'hypnose. Il en a perfectionné la méthode au contraire, l'a transmise à des jeunes cliniciens. Il avait compris dès cette première expérience qu'il y avait là un fait, un fait têtu, de ceux qui résistent aux sophistes et aux idéologues, un fait comme ceux que l'on trouve à l'origine des sciences dures... Avec l'hypnose comme sésame, pensait-il alors, il allait défricher le territoire de la psychothérapie. Pour lui, dès ce moment, c'était acquis, il y avait de l'hypnose dans toutes les thérapies et en premier lieu dans la psychanalyse. Il lui restait à vérifier qu'on retrouvait bien ce même élément brut dans les thérapies traditionnelles, et plus particulièrement dans les phénomènes de transe. C'était donc le sens de la question qu'il m'adressait après

4 – Voir par exemple Élisabeth Roudinesco, « Nécrologie de Léon Chertok », *Libération*, 10 juillet 1991.

l'avoir également posée à Georges Devereux, qu'il connaissait pour l'avoir croisé à plusieurs reprises à New York, qu'il rencontrait de temps à autre lors des réunions de la Société de médecine psychosomatique, à Paris.

Mais, à la différence de bien des thérapeutes, Chertok n'était ni un croyant ni un gourou. Après avoir été bouleversé par les résultats spectaculaires obtenus par l'hypnose, il n'est pas allé rejoindre une chapelle et n'a pas davantage fondé de secte. Il a gardé cette pépite, comme une question, au sens talmudique du terme, qui lui permettait d'interroger le monde de son œil rieur, comme un outil avec lequel démonter l'arrogance des savants[5]. Et c'est dans cette perspective de curiosité inquiète qui l'a toujours habité, qu'à de nombreuses reprises il m'a reposé cette même question : « La transe est-elle bien un équivalent de l'hypnose ? »

Il va sans dire que je n'ai jamais rencontré l'hypnose durant mes investigations anthropologiques, en Afrique, en Amérique du Sud ou dans les îles de l'océan Indien. À la différence de Tintin, je n'ai jamais vu de shaman, de sorcier ou de gourou hypnotiser les membres crédules d'une tribu perdue. Partout où j'ai pu observer des dispositifs

---

5 – Le titre d'un de ses ouvrages en dit long : Léon Chertok, *Le Non-Savoir des psy. L'hypnose entre psychanalyse et biologie*, Paris, Payot, 1979.

Selon Chertok,
l'hypnose était
la « particule élémentaire »
présente dans toutes
les thérapies,
chez les modernes comme
dans le shamanisme,
le magnétisme
ou dans les pratiques
des guérisseurs
de nos campagnes.

thérapeutiques traditionnels, je n'ai vu que complexités indémêlables, mélanges de rites et d'objets, d'êtres, visibles et invisibles, d'animaux, aussi, parfois sacrifiés, parfois interrogés – beaucoup d'animaux ! Les thérapies que j'ai observées ne pouvaient en aucun cas être réduites à des éléments simples comme l'hypnose ou la transe, encore moins au transfert.

Mais je gardais ma sympathie à Chertok, j'admirais son courage. Il respirait une sorte de force tranquille. C'était un résistant – un vrai[6] ! Il avait traversé la guerre en clandestin, se cachant sous de fausses identités, travaillant pour l'Orchestre rouge, un réseau d'espionnage communiste, transmettant les messages, cachant les enfants juifs dans des villages isolés… Il n'allait pas se laisser impressionner par les condamnations de psychanalystes staliniens. Il riait des positivistes arrogants qui jugeaient tant l'hypnose que les transes traditionnelles d'un vaste regard condescendant. « Tout cela, c'est du théâtre ! » persiflaient-ils souvent, lorsqu'ils n'ajoutaient pas avec l'air de tout expliquer : « L'efficacité thérapeutique des transes ?… Ce n'est rien que l'effet placébo ! »… Et jusqu'à Pierre Pichot, le grand

6 – Léon Chertok, Isabelle Stengers et Didier Gille, *Une vie de combats*, Paris, La Découverte, rééd. 2020.

psychiatre français, qui réduisait ces dispositifs à quelque « folklore afro-cubain »[7].

Malgré cela, au fond de lui, Chertok se rangeait du côté des savants, des Européens, des Occidentaux… D'un côté, donc, des savants, à la recherche de l'élément simple qui expliquerait tout, qui transformerait la complexité en « bruit », de l'autre, les thérapeutes qu'il m'était déjà arrivé d'accompagner dans leur travail[8], pour qui le maniement expert de la complexité était précisément gage de succès.

Et moi, tout jeune psy, j'avais l'intuition que réduire la richesse des thérapies traditionnelles à de naïves manipulations hypnotiques aurait contribué à l'appauvrissement du monde.

D'un côté, donc, le presque vide des modernes et leur poursuite éperdue de l'élémentaire, de l'autre, le plein à ras bord des traditions, dont la complexité garantissait l'efficacité.

---

7 – Pierre Pichot et Tobie Nathan, *Quel avenir pour la psychiatrie et la psychothérapie ?*, Paris, Synthélabo, coll. « Les Empêcheurs de penser en rond », 1998.

8 – Telle Mme Visnelda, la plus célèbre guérisseuse de l'île de la Réunion, dont j'ai décrit la technique dans Tobie Nathan, *L'Influence qui guérit*, Paris, Dunod, 1994.

Clinique de la transe

Un jour, durant une consultation d'ethnopsychiatrie, est arrivé mon propre cas princeps, une femme aussi, comme la Madeleine de Chertok, ou la patiente de Pierre Janet, qu'il avait aussi nommée Madeleine, à cause de Proust, sans doute, ou encore l'Anna O. de Breuer et Freud, qui s'appelait en vérité Bertha Pappenheim[1] – la mienne, je l'ai appelée « Prudence »[2].

---

1 – Il est toujours passionnant d'aller regarder de près, lorsque c'est possible, les cas cliniques présentés par les psys dans leurs ouvrages, qui sont, naturellement, bien loin de la vérité historique telle qu'on peut l'inférer par la lecture des archives. Voir Mikkel Borch-Jacobsen, *Souvenirs d'Anna O. Une mystification centenaire*, Paris, Aubier, 1998.

2 – Je ne suis pas le premier à remarquer combien les pensées des thérapeutes s'appuient sur l'expérience primordiale d'un patient : « Je crois qu'une grande partie des progrès de la psychanalyse se fait par la dynamique intersubjective de ce que j'appelle des "dyades génératrices". Breuer et Bertha Pappenheim, Freud et Anna von Lieben, Ferenczi et Élisabeth Severn, et ainsi de suite... » Emanuel Berman, « Sándor, Gizella, Elma, un voyage biographique », *Le Coq-Héron*, vol. 3, n° 174, 2003, p. 20-41.

Je l'ai rencontrée au tout début de la consultation d'ethnopsychiatrie, en 1984. Ce matin-là, nous étions nombreux pour la recevoir, des psychiatres du service, les deux internes, mes étudiants en thèse… Elle est entrée sans saluer personne, s'est assise lourdement sur une chaise, le regard fixe. Elle était comme absente.

Prudence était gravement déprimée, au point que tous les antidépresseurs qui lui avaient été administrés étaient restés sans effet. La psychologue qui l'accompagnait ce matin-là, une jeune apprentie psychanalyste, nous a longuement expliqué qu'elle était ainsi chaque jour, se traînant du lit au fauteuil, prostrée, mutique, comme hébétée. Et la jeune clinicienne avait fourni une explication de l'état de la patiente : « Cette apathie, l'impossibilité de travailler et de s'occuper de son enfant, une fillette de 2 ans, cette tristesse sans fond, bref, sa dépression, sont consécutifs au décès de son père… »

Dépression réactionnelle au décès d'un proche. La messe semblait dite. Petit bémol néanmoins, l'inefficacité inhabituelle des antidépresseurs. Motif de la consultation d'ethnopsychiatrie : « Incompréhension culturelle ? »

Le visage rond et harmonieux, maquillée avec soin, Prudence était belle. Une femme grande, très grande, à la corpulence imposante, impressionnante. Elle me dépassait d'une bonne tête. Je devais paraître fluet, assis face à elle, au sein de cette assemblée.

Elle était camerounaise, de langue maternelle douala, mais parlait parfaitement le français. Il était pourtant manifeste qu'elle n'ouvrirait pas la bouche, que la relation aux autres lui paraissait au-dessus de ses forces.

Moi aussi, tout comme Chertok avec sa Madeleine, je me suis souvenu d'un maître. Il s'appelait Michel Sapir[3], le séduisant psychiatre à l'accent russe qui m'avait guidé quelque temps durant mes études et qui avait été membre de mon jury de doctorat de troisième cycle. Sapir pratiquait alors ce qu'il appelait la « relaxation psychanalytique[4] ». Durant ses séminaires, il nous expliquait que cette technique permettait de surmonter la réticence de certains patients à s'exprimer. J'ai donc décidé de commencer par là..., par un

---

3 – Michel Sapir (Moscou 1915-Paris 2002), un autre résistant, responsable du Front national de la Résistance dans les Alpes-Maritimes sous le pseudo « Commandant Dartois ». Avec Léon Chertok et Pierre Aboulker, ils ont fondé la Société de médecine psychosomatique.

4 – De la relaxation, Chertok disait aussi, cette fois avec raison : « C'est de l'hypnose, quoi... » Voir Michel Sapir, François Reverchon *et al.*, *La Relaxation, son approche psychanalytique*, Paris, Dunod, 1979. Sur le parcours de Michel Sapir, psychanalyste et marxiste : Michel Sapir, *Du côté de chez Marx, du côté de chez Freud*, Paris, Flammarion, 1998.

exercice de « détente ». Je me suis rapproché de Prudence. Elle n'a pas bronché, pas même cillé. J'ai posé mes mains sur les siennes, longuement, jusqu'à ressentir sa chaleur.

« Fermez les yeux ! » lui ai-je demandé. C'était ma première parole.

Elle continuait à les garder ouverts, l'air absent.

« Détendez-vous. Laissez-vous aller. Fermez les yeux maintenant. »

Elle accepta. Elle ferma les yeux. Après un long moment, j'ai senti qu'elle s'était apaisée ; ses paupières ne tremblaient plus. Elle était totalement immobile. On aurait pu penser qu'elle s'était endormie. Dans la salle de consultation, le silence s'était épaissi, comme s'il avait acquis une sorte de densité, seulement interrompu par une ou deux inductions : « Vous sentez la chaleur de votre corps... » « Vous sentez le poids de votre main... » Après quelques minutes de « détente », on entendit sa respiration devenir plus rapide, de plus en plus bruyante. Ses yeux se mirent à papillonner, ses lèvres à trembler, comme si elle voulait articuler des mots qui ne sortaient pas. Elle remuait la tête dans des gestes de dénégation. Elle semblait lutter contre quelque chose, contre quelqu'un. Et moi, je gardais mes mains sur les siennes. On entendit des borborygmes, des bruits, puis elle s'est agitée sur sa chaise, tremblant de tous ses membres.

Les pieds de son fauteuil crissaient en raclant le sol. J'ai senti mes collègues frémir. Son visage était devenu un masque de souffrance.

Soudain, elle ouvrit les yeux tout grands – trop grands, écarquillés, fixes. Et ce fut comme une détonation. Une voix forte, une grosse voix d'homme sortit de là – non pas de sa bouche, mais de bien plus loin, de sa poitrine, de son ventre…

« Qui es-tu, toi ? » m'apostropha violemment la voix.

J'ai sursauté. Surpris ? On le serait à moins ! Entendre une forte voix d'homme surgir de cette femme qui, quelques minutes auparavant, ne pouvait prononcer une seule parole était incompréhensible et effrayant. Sans doute notre esprit avait-il galopé, imaginant que l'être qui s'était emparé de ce corps puissant, comme dans les films d'épouvante, le projetterait contre les objets de la pièce, le précipiterait sur les personnes. La peur est une imagination coagulée…

Voilà comment j'ai rencontré la question de la transe, non par le biais de l'anthropologie, mais par celui de la clinique. J'ai revu Prudence à cinq reprises. À chaque fois, son père s'est manifesté par sa bouche durant ce qu'il faut bien appeler une « transe ». Le rituel que l'on avait inventé ensemble était immuable. Elle s'asseyait sur la même chaise. Petit moment de relaxation. Et la séance commençait toujours par les invectives que m'adressait le père mort. J'ai échangé avec lui, ce père disparu, ce fantôme. Nous nous sommes même chamaillés. J'ai accédé à certaines de ses demandes, invitant à la consultation ses autres enfants à qui il souhaitait parler, mais je me suis toujours opposé à ce qu'il garde sa fille auprès de lui[5].

Les chercheurs de présences

Ce que j'ai fait avec Prudence, faut-il l'appeler « hypnose » ? J'ai plutôt l'impression que j'ai seulement fait un travail de médiation, une médiation entre un mort et des vivants. Là-dessus, je dois dire que je n'ai pas pu apporter d'eau au moulin de Chertok. Les différences entre nos deux pratiques étaient trop flagrantes.

Dans la sienne, avec Madeleine, c'est lui qui avait induit l'hypnose en lui ordonnant de dormir, alors qu'ici, c'est la patiente ou plutôt l'être qui l'accompagnait, le père disparu, qui a décidé du moment de son apparition. Il a fait intrusion dans l'espace de la séance, il s'est imposé, tonitruant, entier, énorme. Par la suite, il m'a dicté les modalités des

---

5 – J'ai rapporté ce cas clinique dans Tobie Nathan, *Ethno-Roman*, *op. cit.*, donnant les détails des contenus des séances. Je veux en poursuivre ici l'analyse.

rencontres, comme s'il me convoquait, exigeant la présence de certaines personnes, décidant de la langue d'échange. Et je m'y suis conformé.

La deuxième différence est encore plus importante : Chertok, comme tout bon hypnotiseur, du moins ceux de l'époque, a demandé à la patiente de dormir. L'hypnose porte bien son nom, du grec *hupnos* : il s'agit d'une sorte de sommeil. Ce qu'ordonne l'hypnotiseur, c'est le retrait du moi, son absence. On peut évidemment discuter de la nature de cette absence : absence du moi vigile, du surmoi, du refoulement… Peut-être même n'est-ce qu'une absence simulée, mais c'est toujours d'absence qu'il s'agit ! En ethnopsychiatrie, ce que nous avons appris à rechercher, c'est au contraire *la présence*, ou plutôt *les présences*… Présence d'autres, et pas n'importe quels autres !… Certainement pas des semblables, mais des êtres d'une autre nature que les humains qui les interrogent : des esprits, des démons, des divinités, des morts…

Dans le cas de Prudence, « l'autre » était un mort, et ce mort, comme souvent, s'est révélé très différent du vivant qu'il avait été. Autant le père de Prudence avait été affectueux durant sa vie, autant son fantôme se révélait égoïste, autoritaire, quérulent.

Le mot « transe » pourrait ici se trouver doublement adapté, puisque, au Moyen Âge, le mot « transir », dont il

Reliquaire ngata (Congo)
Cercueil anthropomorphe

Dans cette caisse en bois haute de 2,50 mètres, on scelle les os du disparu après la cérémonie des secondes funérailles, plusieurs années après son décès. Il va de soi que de telles statues facilitent la présentification des morts.

dérive, signifiait « passer de l'autre côté », « passer de vie à trépas ». Et notre expérience confirme qu'il faut des moyens particuliers pour traverser la frontière entre les vivants et les morts – l'un d'eux est bien la transe !

Troisième différence enfin : l'expérience primordiale de Chertok avec Madeleine a isolé la personne, l'incitant à se penser détentrice des secrets de son mal. Si elle avait oublié qu'elle était mariée, pense-t-on aussitôt, c'est peut-être que les choses n'allaient pas si bien avec son mari. On conclut d'évidence que le désordre est en elle, enfoui dans des recoins secrets de sa conscience… L'ethnopsychiatrie, tout au contraire, peuple la scène. D'abord dans le déroulement même de la séance. Nous sommes nombreux, peut-être une dizaine. Le groupe qui entoure la patiente, contenant et protecteur, est, je l'apprendrai plus tard, une condition indispensable à l'apparition de la transe. Durant les séances suivantes, nous serons du reste de plus en plus nombreux, puisque nous accueillerons les personnes de sa famille qu'elle aura convoquées, ses deux frères et sa sœur, puis une amie d'enfance pour lui servir de traductrice au cas où, durant la transe, elle se mettrait à parler douala… On se surprend même à penser que, si l'on avait continué les séances, peut-être bien qu'on aurait réuni au septième étage de l'hôpital, dans le bureau du professeur Serge Lebovici, le chef de service, la famille élargie, voire une partie du village... Ici, la scène thérapeutique, par sa dynamique propre, convoque, peuple, réunit. Et si tout ce monde interrompt ses activités, franchit des milliers de kilomètres pour se trouver rassemblé ici, c'est bien pour traiter un problème d'importance... Pas celui de Prudence, ou pas exclusivement... Un problème de famille, de funérailles, de transmission, un problème qui concerne chacun... La maladie de Prudence est l'occasion de traiter le véritable problème, *ce n'est pas le problème* !

Un travail de « notaire »

Poursuivons encore ! À l'issue des cinq séances, dont certaines furent assez houleuses, Prudence est totalement sortie de sa dépression et a pu reprendre le cours de sa vie. Je peux affirmer qu'elle a surmonté son épisode dépressif. Qu'est-ce donc qui a délivré Prudence du mal dont elle souffrait ? Ce n'est certes pas la révélation du secret de sa naissance..., d'autant que ce n'était pas vraiment un secret. Dans la famille, tout le monde savait qu'elle était née avant le mariage de ses parents, d'une première relation amoureuse de sa mère, qu'elle n'était donc pas la fille biologique de ce père qui l'avait élevée et dont elle était la préférée. Pas davantage, à mon sens, la mise en scène des dernières recommandations de ce père mort, l'attribution de tel terrain à tel fils, de la boutique à sa deuxième fille… Car là, il s'agissait, pour ainsi dire, d'un travail de notaire. J'ai appris par la suite que, chez les Doualas, il n'est pas rare qu'au moment du décès, parfois lors de la mise en bière ou de la mise en terre, l'un des membres de la famille soit possédé par le défunt qui saisit l'occasion d'exposer ses exigences à ses descendants, l'occasion aussi de révéler les véritables motifs de sa mort. Le défunt aurait-il été empoisonné par son épouse ? Son associé dans l'entreprise lui aurait-il fait jeter un sort ? Car en Afrique, comme dans bien d'autres aires culturelles, il est rare qu'on pense la mort « naturelle »[6].

Dans le cas de Prudence, pour la tranquillité de l'âme du défunt, il s'agissait de redistribuer les parts d'héritage, de les rééquilibrer, de faire en sorte qu'elles soient équivalentes pour éviter les rancœurs. C'est pourquoi j'ai parlé d'un travail de notaire. Si cette redistribution était indispensable à la cohésion de la famille, elle ne peut pas expliquer l'amélioration de l'état psychologique de la patiente.

6 – Louis-Vincent Thomas, *La Mort africaine. Idéologie funéraire en Afrique noire*, Paris, Payot, 1982.

Dans ces quelques séances où, à chaque fois, durant sa transe, elle a laissé parler son père mort, qu'est-ce qui a eu un effet thérapeutique ?

Voici, à mon sens, la vraie raison du soulagement de Prudence : jusqu'à sa première consultation d'ethnopsychiatrie, le père mort faisait pression sur elle jour et nuit, exigeant d'elle une cérémonie. Traduction de cette présence permanente, l'état dépressif de la malade, sa lassitude, son manque d'intérêt pour les événements du monde et pour les personnes de son entourage proche. On pourrait dire que, durant cette période, elle avait cédé aux avances du mort, qu'elle l'avait rejoint et avait quitté le monde des vivants. Après la première consultation, c'était comme si nous avions, avec elle, ouvert une porte donnant sur le monde des morts, mais une porte qu'on pouvait ensuite refermer. Le mort s'était fait présence, non pas comme ces derniers mois dans le secret du monde intérieur de Prudence – non !… *Cette fois en public, à notre invitation et pour un temps limité.*

Voici donc le maître mot de ce type de thérapie : elle transforme la présence permanente et douloureuse de l'être invisible en une succession de visites ritualisées.

Elle transforme le permanent en discontinu, le parasite en visiteur, l'étranger en familier soumis aux lois de l'hospitalité.

La fonction essentielle du dispositif de transse est d'*apprivoiser les invisibles*, d'aménager une relation durable avec eux[7].

Si le mal est caractérisé par une pression continue, venue de l'intérieur, le traitement consiste en des rencontres ponctuelles avec l'être, une succession de « rendez-vous » avec lui.

Rendez-vous..., tel devrait être le nom d'un dispositif organisé autour de la transe. *Toute thérapie par la transe est une thérapie des rendez-vous !*

L'intercession, la découverte de l'hypnose

Revenons maintenant à la question initiale posée par Léon Chertok en son temps. L'hypnose apporte-t-elle un élément stable duquel pourrait découler une théorie générale de la thérapie ? Cette fois, bien qu'il nous ait quittés depuis longtemps, je lui répondrai qu'après tout... Peut-être un

7 – C'est en des termes assez similaires qu'Andras Zempléni résume la visée du rituel de possession du N'dœp chez les Lébous et les Wolofs de Dakar : « La visée du rituel, je le souligne, n'est ni l'exorcisme ni une simple "alliance symbolique" avec le rab, mais la transformation d'un rapport interne et inclusif avec un être anonyme en un rapport externe et exclusif avec un rab nommé. » Andras Zempléni, « Possession et sacrifice », *Le Temps de la réflexion*, Paris, Gallimard, 1984, p. 325-352.

peu tout de même, mais en négatif… Car le vide de l'hypnose semble préfigurer le plein de la transe.

L'hypnose ferait donc, par une sorte de processus intrinsèque, surgir les présences – et cela malgré l'hypnotiseur, je veux dire que cela peut aussi arriver contre son gré. Mais dans le monde moderne, ces présences ne sont pas nécessairement des êtres exotiques, des esprits, des diables ou des démons. Ce sont celles du monde où vit la personne hypnotisée. Peut-être faut-il plutôt les appeler « puissances » pour souligner le fait qu'elles ne sont pas nécessairement religieuses ou mythologiques ?

Je me souviens d'un film où l'on voit Chertok soigner un homme ayant développé une névrose traumatique à la suite d'un accident du travail[8]. À la fin de la séance d'hypnose, Chertok dit qu'un des éléments de la guérison serait l'obtention d'une compensation financière à la violence qu'il a subie dans son travail. On pourrait s'étonner qu'un psychanalyste se préoccupe à ce point de l'obtention d'une pension d'invalidité. J'y vois non pas une incise hors de l'hypnose, mais l'assomption du rôle principal du thérapeute qui s'interpose entre le patient et la force dont il dépend, cette

8 – *L'Hystérie, langage du corps*, film élaboré par Léon Chertok et réalisé par Éric Duvivier, Cerimes Distribution, 1967.

toute-puissante Sécurité sociale qui pourrait le dédommager. Dans le cas traité par Chertok, il s'agissait des experts de la médecine du travail, des juges des prud'hommes à qui il n'hésitait jamais à écrire. Voilà les puissances de notre monde, celles qui échappent à notre contrôle et dont l'action pourrait métamorphoser notre existence.

L'hypnotiseur qui s'interpose – ce point est crucial ! – *agit et parle toujours en première personne*. Dans l'hypnose traditionnelle, celle du début du xxe siècle, il n'était pas rare de l'entendre ordonner : « Dormez ! Je veux que vous dormiez. » L'hypnotiseur n'est pas un expert neutre, il « veut », il « ordonne », il est un acteur essentiel du drame qui va se jouer. L'injonction de l'hypnotiseur fait irrésistiblement penser aux conjurations des exorcistes du passé, non pas ceux du Moyen Âge tardif et de la Renaissance, mais ceux qui les ont précédés. Je pense en particulier à ces textes antiques, tous étrangement semblables, depuis l'époque hellénistique jusqu'au haut Moyen Âge, des textes retrouvés à Éléphantine, à Qumrân et, évidemment par centaines dans la genizah du Caire, destinés à éloigner les démons[9]. Ces

9 – Emma Abate, « Contrôler les démons. Formules magiques et rituelles dans la tradition juive entre les sources qumrâniennes et la Genizah », *Revue de l'histoire des religions*, t. 230, n° 2, 2013, p. 273-295.

textes comportent tous la formule rituelle en hébreu : *ani mashbia'h*, qu'on peut traduire par « Je conjure »... Mais en vérité : « Je m'interpose »... C'est-à-dire : *Moi, Untel, rabbin initié aux secrets, je m'interpose entre cette pauvre personne en souffrance et la puissance des démons...* Formule qu'on pourrait transcrire presque à l'identique pour rendre compte du travail de l'hypnotiseur en présence de son patient souffrant d'une névrose traumatique : *Moi, thérapeute, je m'interpose entre les puissances de la Sécurité sociale et la personne souffrante.*

Intercession, voilà, à mon sens, la principale découverte de l'hypnose. Intercéder entre des personnes et des puissances ! C'est pourquoi l'hypnose fonctionne encore aujourd'hui dans nos mondes pourtant désertés par les démons, un monde où les « puissances », quoique différentes de celles d'autrefois, sont plus puissantes que jamais et la possibilité d'intervention du quidam encore plus réduite qu'autrefois.

Mais je dois dire que là s'arrêtent les ressemblances, à la seule fonction d'intercession. Car ce qui intéresse les chercheurs en ethnopsychiatrie, ce sont les êtres avec qui il faut négocier plutôt que l'état mental dans lequel on les aperçoit. Nous voulons connaître leur nom, leur nature, de quelles substances ils sont constitués, leur écologie, le monde dans lequel ils prospèrent, leurs modes de relation avec les humains et surtout leurs intentions ! Au fond, nous avons les mêmes intérêts que les patients, que les adeptes qui s'intéressent bien plus aux êtres qui se présentent qu'aux fluctuations de leur « état de conscience ».

L'assomption de Sarah

Voyage au Burkina Faso en 1998. Banlieue de Ouagadougou. Investigations dans une église évangélique qui pratique des guérisons. Nous y avons rencontré Sarah, une malade désormais guérie. Elle était intelligente, belle, joyeuse. Elle aimait rencontrer des étrangers, elle aimait parler, elle expliquait si bien. J'ai reconnu chez elle ce même intérêt passionné pour les êtres qui m'habitait aussi, qui m'habite toujours. De sa rencontre m'est restée une question, lancinante :

Être thérapeute, un vrai, comme elle, jusqu'à rencontrer les êtres ?

Elle a pris plaisir à nous raconter son parcours.

Sarah était une femme mariée, âgée d'une quarantaine d'années, mère de quatre enfants de 5 à 10 ans. L'entretien s'est déroulé chez elle, une petite maison très simple, constituée d'une grande pièce, d'une seule chambre à coucher et d'une minuscule cuisine. Presque aucun meuble, seulement deux ou trois chaises et un sofa. Les enfants faisaient sans cesse irruption durant l'entretien. Le mari était assis dans un coin, souriant. Lucien Hounkpatin et Peter David m'accompagnaient. Emmanuelle Ohniguian filmait.

Sarah : *Vous voulez savoir comment j'ai connu le Seigneur ? Je peux tout vous expliquer. Je me suis couchée une nuit et le Seigneur Jésus m'est apparu. En ce temps-là, j'étais toujours avec ma maladie. J'avais des maux de cœur, des maux de ventre… J'avais mal partout ! Regardez-moi, ils ont coupé, coupé-coupé.*

Elle nous montre son ventre, ses bras, couverts de scarifications. Elle veut dénoncer les pratiques traditionnelles, païennes, consistant à introduire des poudres par scarification.

– Dans mon village, là-bas, ils ont coupé partout pour me soigner. J'étais malade, très malade. Même la sauce, je ne pouvais pas la manger, rien ! Et quand il m'arrivait malgré tout de manger quelque chose, il m'était alors impossible de dormir. Pendant des années, ils m'ont fait des soins « traditionnels » et ça n'a rien donné.

Par la suite, elle a fait appel aux soins des modernes, à l'hôpital, à Ouagadougou. Cette fois, on lui a administré une autre sorte de médicaments, des comprimés, des piqûres. Mais rien n'y faisait. Elle était toujours aussi malade. Et puis, un voyageur de passage lui a parlé de Jésus…

– Alors que j'étais en grande souffrance, un voyageur venu d'Abidjan a habité quelques jours chez nous, à la maison. Il m'a parlé de Jésus. Finalement, je lui ai demandé : « Votre Jésus, là, il est comment ? Si c'est vraiment "le sauveur" comme vous le dites, alors, je veux le voir ! » Et la nuit même, je l'ai vu ! J'ai vu Jésus !

– Vous l'avez vu ? Il vous a parlé ?

– Non ! Il m'a seulement demandé de l'appeler. Alors, dans mon sommeil, je l'ai appelé : « Jésus, Jésus, Jésus… » Ensuite, quand je me suis réveillée, j'ai continué à l'appeler, à voix haute. « Jésus, Jésus, Jésus… » Je criais, même ! C'est lui qui m'a dit de venir à lui. Il m'a assuré que je serais sauvée. Alors, je suis partie à l'église et j'ai prié avec les autres.

Dès cette première visite à l'église, tout a changé pour Sarah.

– Ce jour-là, quand je suis rentrée à la maison, j'ai jeté tous les médicaments, ceux des charlatans et ceux des docteurs. Au bout d'une semaine, tous les symptômes avaient disparu : les douleurs au ventre, au cœur… Je suis allée à l'église et Jésus m'a guérie ! Maintenant, je suis en bonne santé. Même si la sauce est pimentée, je mange et il ne m'arrive aucun mal. Depuis que j'ai commencé à prier, depuis mon baptême, je ne bois plus d'alcool. C'est fini. Plus du tout !

Elle a alors demandé au plus grand de ses garçons d'aller chercher la photo et nous l'a tendue. On la voyait, souriante, vêtue d'une belle robe entrant dans un puits plein d'eau. C'était son « baptême d'eau ».

« C'est Jésus qui guérit »

Discours d'une adepte d'une église évangélique en Afrique que l'on pourrait croire convenu, mais au-delà des images pieuses qui cadraient mal avec sa personnalité, on pressentait chez Sarah quelque chose de plus profond, une expérience intime passionnément vécue. Nous lui avons demandé comment le pasteur était parvenu à la soigner.

– *Seulement la prière !* a-t-elle prétendu.

Nous avons insisté :

– *Pose-t-il les mains sur la tête pour prier sur vous ?*

– *Oui ! il a posé ses mains sur ma tête et il a prié. Mais c'est Jésus qui m'a guérie !*

Il était manifeste que pour elle le pasteur n'était qu'un simple médiateur. Elle avait une relation avec Jésus lui-même, une relation personnelle.

Je lui ai alors demandé d'où provenait cette étrange maladie qui l'avait accablée durant une dizaine d'années. Et elle m'a répondu sans hésiter : les génies.

– *Les génies ? Comment le dites-vous en mooré ?* [la langue des Mossis]… Kinkirsi ! *C'est ça ma maladie, la maladie des génies, la maladie des* kinkirsi. *Dans mon cas, c'étaient eux qui descendaient sur moi. Ils me faisaient souffrir jusqu'à ce que j'accepte de travailler pour eux. Ils voulaient que je devienne un féticheur. Mais comme Jésus m'a sauvée, ils sont partis. En ce temps-là, lorsque je ne connaissais pas Jésus, la nuit, quand je dormais, je les voyais. Oui ! la nuit, les* kinkirsi *venaient… Ils me frappaient ; ils me donnaient la maladie pour que je m'occupe d'eux, que j'accomplisse leurs rites… enfin pour que je suive leur religion-là. Moi je ne voulais pas faire ça, et plus je refusais, plus la maladie était forte. Et quand Jésus m'a sauvée, du jour au lendemain, c'était fini !*

Point de vue parfaitement conforme à la tradition où certaines maladies doivent être considérées comme une élection. Tant que le malade n'accède pas aux injonctions des génies, la maladie persiste et va en s'aggravant.

– *Les génies voulaient donc vous forcer à devenir féticheur ! Pour les faire partir, il faut prier beaucoup, aussi…*

(Elle éclate de rire.)

– *Ah, mais je prie beaucoup. Même la nuit, je me lève et je prie… Beaucoup !*

Le mari atteste. Il dit qu'elle prie beaucoup, mais alors beaucoup… beaucoup trop !

– Trop, c'est trop, elle prie tout le temps, le jour, la nuit, tout le temps !

Il a l'air assez agacé par les perpétuelles dévotions de son épouse. Il semble même qu'ils se soient chamaillés à plusieurs reprises à ce sujet. Lui, déclare-t-il, reconnaît Jésus, d'accord, mais tout de même, pas tout le temps ! Sarah le taquine :

– Il dit ça, mais il vient prier avec moi… Jésus, il connaît !

Le mari :

– Je reconnais que Jésus existe ! Ça oui !

Sarah explique encore, montrant combien elle a réfléchi sur les logiques traditionnelles, qu'elle connaît parfaitement.

– Les kinkirsi, *ils veulent te rendre fou, tu comprends… Ils descendent sur toi pour que tu fasses le charlatan, pour que tu jettes les cauris… C'étaient les miens qui faisaient ça. Mais les génies, tu sais, il y en a de toutes sortes. Il y en a qui te suivent pour que tu ailles mendier dans la rue… Et avec l'argent que tu as récolté, tu dois faire des sacrifices pour eux. Il y en a qui te suivent pour te faire du bien et d'autres pour te faire du mal. On ne sait pas. On ne les voit pas. Certains se montrent aux gens, parfois, mais la plupart se cachent. Tu ne les vois pas, mais eux, ils te voient. Ils sont tout petits, les* kinkirsi… *Ils sont courts-courts. Mais le nom de Jésus, ça, ils en ont peur ! Et encore plus du sang de Jésus : quand on dit « le sang de Jésus, là », là, ils fuient.*

Des génies « trop petits »

Sarah commençait à nous révéler que cette maladie qui l'affligeait depuis une dizaine d'années, peu de temps après son mariage, n'était pas seulement une souffrance, mais aussi un appel des êtres, une désignation, une sorte d'élection. Une question filtrait en toute logique de son discours : qu'ont-ils, tous ces êtres, à la courtiser ainsi ? Les *kinkirsi* qui la visitent, qui la désignent comme prêtresse, Jésus qui l'appelle… Que reconnaissent-ils chez elle tous ces invisibles ? Est-elle différente des autres humains ? Et de quelle nature sont faits ces humains si particuliers, capables de voir les esprits et de trouver grâce à leurs yeux ?…

En écoutant Sarah, je me suis demandé si je pouvais moi-même apercevoir les esprits, céder à leurs avances, négocier des relations avec eux.

J'étais tout heureux de retrouver le mot *kinkirsi*. Peu de temps avant mon voyage, j'avais lu un mémoire de Doris Bonnet qui expliquait longuement ce qu'étaient ces génies de la brousse dont nous parlait Sarah[10]. Selon la pensée mossi, expliquait l'anthropologue, les *kinkirsi* (*kinkirga* au

---

10 – Doris Bonnet, *Corps biologique, corps social. Procréation et maladie de l'enfant en pays mossi, Burkina Faso*, Paris, Orstom, 1988.

En écoutant Sarah,
je me suis demandé
si je pouvais moi-même
apercevoir les esprits,
céder à leurs avances,
négocier des relations
avec eux.

singulier) sont les descendants des petits nains velus qui, au début des temps, ont enseigné la chasse aux premiers hommes. Très proches des animaux dont ils comprennent le langage, ils prévoient leurs réactions, devinent l'emplacement des marigots où ils s'abreuvent, connaissent leurs pâturages. Ils sont évidemment des guides tout indiqués pour les chasseurs qui les honorent. Si les *kinkirsi* partagent le monde avec les humains, eux n'en fréquentent que l'envers. On les trouve dans la « brousse », ce qui, partout en Afrique de l'Ouest, désigne les espaces non habités, non cultivés. On les trouve au fond des trous d'eau, des marigots, au sommet des montagnes, au faîte des tamariniers..., partout où nul ne pourrait se rendre. Ils frôlent quelquefois les hommes, comme un souffle glacé, un vent, mais ils leur restent toujours invisibles. Les seuls êtres humains qui les aperçoivent sont les bébés, qui ne peuvent rien en dire, les fous dont la parole est incompréhensible et les devins. Sarah, qui voit ses génies depuis toujours, appartient à la troisième catégorie. Reste évidemment une question sans réponse. Pourquoi Sarah a-t-elle refusé de servir les génies et d'occuper tout naturellement sa place de voyante ?

Au cours de la conversation, nous finissons par apprendre qu'en vérité Sarah et son mari ne sont pas mossis. Ils appartiennent à une ethnie voisine, les Busansis ou Bissas. Ils parlent bien sûr mooré, la langue des Mossis, majoritaire au Burkina, mais entre eux ils échangent en bissa, leur langue maternelle. Alors, je lui demande par quel mot on désigne les génies dans leur langue.

Sarah : *En bissa, on ne dit pas* kinkirsi, *on dit* kiligaro.

Le mari : *C'est ça !* Kiligaro, *c'est comme les* kinkirsi *des Mossis. Ça veut dire « les jumeaux »… Parce que les génies, ce sont les jumeaux des humains…*

C'est alors que se dessinent à mes yeux les motifs des choix de Sarah. Pour une jeune femme moderne, se laisser prendre dans une initiation strictement bissa, c'est se trouver réduite à un monde étriqué. Certes, il existe aussi des Bissas en Côte d'Ivoire et au Ghana, quelques villages au Togo, mais il s'agit d'un petit monde. Les Mossis sont dix fois plus nombreux. Alors, plutôt les *kinkirsi* des Mossis que les *kiligaro* des Bissas. Mais même s'ils se trouvent aux commandes du pays, les Mossis n'offrent eux aussi qu'un univers limité, pratiquement réduit au seul Burkina Faso. Sarah est taillée pour autre chose. Son intelligence, sa curiosité pour les étrangers, pour les mondes lointains, sa soif de connaissance, tout la porte à chercher des pensées qui concernent la multitude. C'est probablement la raison pour laquelle elle n'a jamais cédé aux invitations pressantes des génies. Elle les trouvait trop « petits ». À aucun moment, elle n'a douté de leur existence, cependant. Elle n'a pas adopté l'attitude que l'on rencontre parfois dans les églises évangéliques, consistant à rejeter toutes les croyances ancestrales comme œuvre de Satan. Non, elle traite les *kinkirsi* pour ce qu'ils sont : de petites divinités locales. Elle voit plus grand, plus loin… Ses dons, elle ira les offrir à Jésus, le dieu de milliards d'êtres humains.

Je me dis qu'une telle personnalité ne peut longtemps s'empêcher de pratiquer. Je sais qu'une force puissante la pousse à s'occuper des autres. Je lui demande :

– Alors, Sarah, vous faites la prière sur les malades…

– Oui, je donne la guérison… Tu poses la main sur la tête du malade et si tu as la foi, Jésus le guérit. Oui, c'est comme ça que je fais.

– Et si vous étiez restée au village, vous seriez devenue une guérisseuse ?

– Si je n'étais pas venue chez Jésus, j'aurais servi les génies kinkirsi…, *c'est certain ! Aujourd'hui, je suis une servante du Christ. Je ne suis plus servante des* kinkirsi. *Je suis la servante de Jésus-Christ de Nazareth.*

(Elle rit, heureuse de dérouler le nom complet de son nouveau dieu.)

– S'il ne m'avait pas sauvée, les kinkirsi *m'auraient rendue folle. Oui ! ils me faisaient boire. Vous vous rendez compte ? Je buvais, je me saoulais, je déraillais… C'est fini tout ça !*

Leçon d'anthropologie en direct. Sarah m'enseignait l'importance des génies, leur puissance, leur capacité à capturer les êtres humains mais aussi les limites de leur pouvoir sitôt que l'on sort de son ethnie. Elle m'a aussi appris que certaines personnes qui, pour d'obscures raisons, possèdent la capacité de les voir, d'entretenir commerce avec eux, sont destinées à devenir des thérapeutes. Bien sûr que je me suis demandé en l'écoutant si moi-même je pouvais apercevoir les esprits, céder à leurs avances, négocier des relations avec eux…

Et si je n'en suis pas capable, suis-je tout de même un thérapeute ?

Les esprits du Caire, années 1950

Il faut dire que les esprits, j'en avais eu l'expérience durant mon enfance. Cela n'avait rien de mystique, c'était banal, pour ainsi dire, c'était une expérience quotidienne. Ma mère en parlait tout le temps, surtout lorsqu'elle s'adressait à moi en arabe, sa langue maternelle. Sa référence aux démons était souvent affectueuse, presque ludique. Enfant, lorsque je désobéissais ou commettais une bévue, lorsque je me trompais dans un problème d'arithmétique, lorsque je demandais un cadeau qui lui semblait hors de prix, elle me lançait : *Guenne lakhbat 'a'lak ?* « Un *guenne* ne t'aurait-il pas mélangé l'esprit ? » *Guenne*, c'était le mot « djinn », prononcé à l'égyptienne, car les Égyptiens répugnent à prononcer le « dj » qu'ils remplacent systématiquement par le « gue ». Il était tout le temps présent, ce djinn, qui infestait notre vocabulaire. Combien de fois n'ai-je entendu : *Enta magnoune ?* « Ne serais-tu pas devenu fou ? », pour critiquer une action ou une parole qu'elle trouvait saugrenue ou baroque. C'était alors l'équivalent d'« extravagant ». Mais le sens véritable, nous le connaissions bien : derrière le mot *guenne*, se profilait la folie qui se dit *guenoune*. La folie qui avait affligé la cousine Léa, lorsque le jeune homme avec lequel elle s'était fiancée avait fini par épouser sa sœur, Rachel. Rachel était de la génération de ma grand-mère. On ne la voyait pas souvent, peut-être une fois par an, lorsque nous lui rendions visite, dans le vieux quartier juif du Caire, à l'occasion des fêtes de Pâque. *Magnouna*, disait-on de sa sœur, « happée par un *guenne* ». Il n'était pas difficile de comprendre que c'étaient bien les *gnoun* qui rendaient fous les humains. *Magnoune*, le mot le plus courant pour désigner le « fou », signifie en effet « pris par un *guenne* », littéralement : « endjinné ». Mais ce mot, comme beaucoup de ceux qui étaient affectivement chargés, était polysémique. La plupart du temps, on utilisait le même radical *guenne* pour désigner ce qui séduit. *Guénane* était très utilisé dans notre arabe. On le prononçait même à tout bout de champ : la jeune fille que courtisait le cousin Albert était *guénane*, « ravissante » ; les *boyos*, les petits pâtés aux épinards de notre voisine Bella, étaient aussi *guénane*, « magnifiques » ; la robe de la cousine Édith, également *guénane*. La connotation d'un tel mot si fréquent coulait de source. Tout ce qui sortait de l'ordinaire, soit par son absurdité, soit par son caractère exceptionnel, était soupçonné d'être l'œuvre d'un *guenne*, d'un esprit, d'un démon. Jusqu'aux pyramides, dont on prétendait qu'elles avaient été bâties par les *gnoun*...

Nul ne parlait des esprits à la première personne, cependant. Je n'ai jamais entendu : « J'ai vu un *guenne* », par exemple, mais les *gnoun* venaient infiltrer nos mots par dizaines. Sans parler des mots qui faisaient implicitement référence aux *gnoun*, notamment les différentes manières de dire « fou » : *madroub*, « frappé » ; *markoub*, « monté » ; *maskoune*, « habité » ; *mamlouk*, « possédé » ; *masloukh*, « écorché jusqu'au sang » ; *malbouss*, « porté » (comme on enfilerait un vêtement)..., autant d'atteintes corporelles qui présupposent l'agent qui les a causées. *Frappé, monté, habité, écorché*... oui, mais par un *guenne !* Tous ces mots se référant aux violences qu'occasionne toujours la rencontre avec un *guenne* ressemblent à nos propres termes, un peu argotiques en français, tels que « frappé » ou « cinglé », à ceci près que la langue française a oublié par qui le fou a été frappé ou fouetté. En arabe, en revanche, il y a une sorte de jouissance à évoquer ces démons qui font irruption dans la vie des hommes, sans prononcer leur nom, toutefois, de peur de les convoquer.

Si *guenne* appartient à la langue courante, il reste malgré tout un peu « théorique », marqué par ses déclinaisons

Les démons
fourmillaient
dans la langue
de mon enfance ;
ils devaient bien
aussi se loger
quelque part
dans notre vie
quotidienne.

multiples, quasi professionnelles, alors qu'un autre mot désigne les démons tels qu'on peut les rencontrer dans la vie : *'afrite*. Celui-là aussi a bercé mon enfance et alimenté d'interminables discussions avec ma mère à mon adolescence. *'Afrite,* de *'afar*, « poussière » – dont le sens littéral est « fait du limon du fleuve » –, désigne les démons pour autant qu'ils sont multiples, eux qui naissent des tourbillons du Nil. Ces tourbillons, on peut les apercevoir, au Caire, du haut du pont Qasr el Nil. C'est l'accouchement, dit-on là-bas, la mise au monde d'un nouveau *'afrite*. C'est dire s'ils sont nombreux ! Et moi... Eh bien, moi, j'en étais un..., parfois..., dans la parole de ma mère, du moins. Lorsque je réussissais un exercice difficile, physique ou intellectuel, elle disait que je m'étais débrouillé *zaye el 'afrit*, « ... comme un démon ». Pour parler d'un don ou d'une capacité singulière, comme bien monter à bicyclette ou savoir tirer à l'arc, elle disait : *Da 'afrite*, « C'est un démon ! » Pour me dénoncer à mon père pour lui avoir joué un tour, elle disait : *'Hétète dine 'afrit...*, que l'on pourrait approximativement traduire par : « Quel putain de démon !... »

Sous forme de *guenne* ou de *'afrite*, fourmillaient les démons dans la langue de mon enfance ; ils devaient bien aussi se loger quelque part dans notre vie quotidienne. En vérité, ils en peuplaient l'inverse, tapis derrière les petits rituels propitiatoires que ma mère, pourtant rationaliste militante et professeur de mathématiques, ne manquait jamais d'accomplir. Avant de verser dans l'évier l'huile bouillante qui avait servi à la friture, elle murmurait une parole qui m'a longtemps semblé étrange : *Destour ya s'hab el ard*, « Qu'il en soit selon votre loi, ô propriétaires du sol ! » Autrement dit : « Nous ne vous voulons aucun mal. Votre loi (vous les *'afarite*) prévaut sur la nôtre (nous les humains). » C'est que l'huile se répandant dans les tuyaux d'évacuation pouvait atteindre les *'afarite* (pluriel de *'afrite*) qui habitaient les tuyauteries, les caves, le fond des puits et des sources. Alors, elle les prévenait pour qu'ils se mettent à l'abri. Avant de partir à l'école, elle ne manquait pas de marmonner des paroles de protection en faisant tourner une poignée de sel sept fois au-dessus de ma tête. Elle m'en glissait même une pincée dans la poche. C'est que les *'afarite* détestent le sel ! Et lorsque mon père partait en voyage, elle versait quelques gouttes d'eau sur le pas de la porte, à l'endroit où il avait posé les pieds. C'est que les *'afarite* avaient l'art de capturer les empreintes des êtres humains pour les asservir.

C'était une sorte de jeu, elle s'en amusait, mais un jeu qui devenait sérieux et grave lorsqu'on ne l'avait pas accompli. Si un membre de la famille tombait malade, s'il avait un accident, ou même simplement une contravention routière, c'est qu'on ne l'avait pas protégé. Alors, plutôt qu'affronter de terribles sentiments de culpabilité, qu'est-ce que ça coûtait un petit rituel d'une ou deux minutes ?

Les *zar* de la terrasse

Si ces démons m'ont accompagné au quotidien, d'autres, plus sérieux, habitaient la terrasse. En Égypte, comme souvent dans les pays chauds, les terrasses sont le territoire des femmes. Ma mère et ma grand-mère paternelle montaient y étendre le linge. Quelquefois, ma grand-mère s'y rendait seule pour une rencontre avec ses amies, des femmes âgées, musulmanes pour la plupart, qui s'adonnaient à des rites étranges. Nul n'en parlait à la maison. Si on le lui avait raconté, mon père l'aurait farouchement nié. Sa mère, veuve depuis une trentaine d'années, avait élevé seule ses six enfants. Pour lui, c'était presque une sainte, une *robissa*, une « femme de rabbin », alors l'imaginer se livrant à d'archaïques rites païens…, c'était proprement inimaginable. Ma mère, parfaitement au courant des pratiques de sa belle-mère, murmurait à ses intimes que la vieille était folle. Une fois, je suis monté avec elle, dans ce monde exclusivement réservé aux femmes. J'avais moins de 5 ans, ni homme ni femme, donc, ni garçon ni fille, simplement un enfant ! Là, j'ai vu ma grand-mère se métamorphoser. La vieille femme éthérée, qui promenait silencieusement sa silhouette fatiguée dans la pénombre de la cuisine, toujours couverte jusqu'aux poignets, jusqu'aux chevilles, dont on ne pouvait apercevoir un seul cheveu sous ses foulards de couleur aux clochettes d'or, prenait alors ses aises dans une *galabeya,* l'ample robe que portent indifféremment les Égyptiennes et les Égyptiens. Elle dégrafait ses longs cheveux blancs qui descendaient jusqu'à ses reins. Les commères étaient une vingtaine… Trois d'entre elles, peut-être quatre, sortaient les tambourins, les autres frappaient dans les mains. Et elles chantaient – en quelle langue ? Je n'y comprenais rien, pas un mot ! – et elles tournoyaient, elles dansaient au soleil couchant. Je comprendrai plus tard, bien plus tard, qu'elles appelaient les esprits, leur demandant de descendre sur elles, les suppliant de les faire danser. Ces esprits-là, ce sont les *zar*, mais elles, leurs adeptes, les appelaient *sayedin*, les « seigneurs ».

Les *zar* sont originaires d'Éthiopie[11], sans doute des plateaux du Gondar, mais, au cours des siècles, ils ont dévalé la vallée du Nil jusqu'à son delta. Leurs rites étaient

---

11 – L'une des premières études sur ces rituels se trouve dans l'ouvrage de Michel Leiris, *La Possession et ses aspects théâtraux chez les Éthiopiens de Gondar*, Paris, Plon, 1958.

extrêmement répandus au Soudan jusqu'à la rigidification morale imposée par l'islamisme moderne au XXe siècle. En Égypte, les *zar* étaient dans presque chaque village, dans chaque quartier populaire des grandes villes, du Caire, d'Alexandrie ou d'Ismaïlia[12]. Rattachés aux confréries soufies, les groupes d'adeptes du *zar* se structuraient en multiples congrégations. C'étaient des groupes de femmes indépendantes et souvent de mauvaise réputation. On les soupçonnait de sorcellerie, mais on surmontait la peur qu'elles inspiraient pour leur quémander une voyance ou pour jouir de la beauté de leurs chants. Elles étaient majoritairement musulmanes, mais aussi coptes et grecques. Ma grand-mère était juive. Qu'importe ! Les *zar* étaient considérés comme les esprits de la terre d'Égypte, leurs rites transcendaient les communautés. On pouvait les voir se manifester dans telle maison, sous une icône de la Vierge ou dans telle autre sous la première sourate du Coran.

Dans les cérémonies qu'elles organisaient, les femmes exprimaient leurs souffrances personnelles dans des transes endiablées, au rythme des tambours et des crotales, mais elles y faisaient aussi la démonstration de leur puissance

---

12 – Voir Rachida Chih, *Le Soufisme au quotidien. Confréries d'Égypte au XXe siècle*, Paris, Actes Sud-Sindbad, 2000.

L'attente du *zar*, sous l'œil protecteur de la Vierge Marie, au Caire. Les adeptes étaient des femmes indépendantes et souvent de mauvaise réputation.

en divulguant l'avenir et la face cachée du présent. Car telle était la transe issue des traditions millénaires, qui leur offrait l'exutoire d'une folie rituelle et le pouvoir des mondes secrets du fait de leur alliance avec leurs invisibles « seigneurs », les *zar*, leurs démons.

Impossible de se débarrasser des démons !

Ces groupes étaient autrefois si nombreux que les maîtres du pays, les mamelouks, les khédives, les sultans, puis les rois, ont légiféré à plusieurs reprises pour tenter d'en contrôler les activités. Au début du XXe siècle, le khédive Abbas a même créé une fonction, le *cheykh macheyikh al-turuq alsufiyya*, le « cheikh des cheikhs, maître des maîtres des voies du soufisme », une sorte de « pape » des rites aux démons. Les gouvernants ont aussi tenté de les instrumentaliser, d'en faire des vecteurs de leur politique. Mais qu'importe ! les groupes pullulaient.

Et là aussi, en Égypte, comme au Soudan, c'est l'islamisation forcenée de la société qui a fini par avoir raison de ces cultes. Il ne fait pas bon, dans l'Égypte d'aujourd'hui, être soupçonnée d'être adepte du *zar*, alors que, dans les années 1930, une femme de lettres célèbre, qui tenait salon littéraire et publiait en français ses romans chez Gallimard,

Femme possédée par le *zar*,
lors d'une séance clandestine.
Un rite très mal vu de nos jours,
avec l'islamisation forcenée
de la société égyptienne.

était connue pour être « maîtresse de cérémonie ». Elle s'appelait Out-el-Kouloub, pseudonyme qui signifie « Nourriture des Cœurs »[13]. Elle n'était pas étrangère au vent féministe qui avait rafraîchi les cœurs et les mœurs de la vieille Égypte. On voyait alors des femmes arabes se promener seules dans les rues, bras nus, cheveux déliés, la taille serrée dans des jupes à volants qui s'arrêtaient au-dessus du genou. Il me semble que l'on peut attribuer en partie cette libération à l'action des congrégations de *zar*.

Aujourd'hui, les *zar* n'ont pas totalement disparu. Comme bien des fois dans le passé, ils sont partis se réfugier dans les bas-fonds du Caire ou d'Alexandrie, dans les villages reculés de Nubie et de Haute Égypte. Je sais qu'ils attendent leur heure. Car, disons-le tout net, il est impossible de se débarrasser des démons ! Mieux vaut les apprivoiser.

Je ne pense pas que ma grand-mère ait fait partie de la congrégation, mais elle en était proche, pour avoir été soignée par ces femmes au moment de ses premières grossesses. Et lorsqu'elles organisaient une cérémonie pour l'une ou l'autre dans le quartier d'Abbassia où nous habitions, elle ne manquait pas d'y participer. Cette

---

13 – Out-el-Kouloub, *Harem*, Paris, Gallimard, 1937, rééd. 1955 ; *La Nuit de la destinée*, Paris, Gallimard, 1954.

Deux générations
de femmes égyptiennes.
À gauche, ma mère, sur la plage
d'Alexandrie ; à droite,
ma grand-mère paternelle.

expérience, cette « scène originaire » vécue à l'âge de 5 ans, peut-être répétée à plusieurs reprises – quant à moi, je ne me souviens que d'une seule –, m'a sans doute profondément marqué. Mais je dois dire que, durant une quinzaine d'années, je l'avais presque totalement oubliée. Ce n'est qu'en suivant mes premiers cours d'ethnologie en Sorbonne qu'elle est revenue sous forme d'images. Je suis alors parti interroger ma mère… Et elle m'a raconté ce qu'elle savait de ces danses des terrasses, me livrant les mots pour habiller les images et les sensations qui surgissaient de ma mémoire. Il est une question, cependant, à laquelle elle ne savait répondre. Pourquoi ma grand-mère, au risque d'une sévère altercation avec elle, m'avait-elle emmenée là-haut, sur la terrasse aux esprits ? Et ma mère répondait : « Tu étais son alibi, pardi ! » Maigre explication à mes yeux ! Si elle permettait à ma mère de ressasser le conflit qui couvait avec sa belle-mère, elle ne pouvait satisfaire ma curiosité. D'autant que ma grand-mère se fichait éperdument de l'opinion de sa bru. Lorsque j'étais malade, sitôt que le médecin avait tourné le dos, elle m'appliquait sans le dire à personne les huiles et les onguents qu'elle se procurait auprès de ses sorcières. En m'emmenant là-haut, elle était animée d'une intention. Laquelle ? J'aime à penser qu'elle voulait me tremper dans le bain, semer des graines qui germeraient un jour, elle le savait. J'aime à penser qu'elle savait qu'on n'apprend jamais, qu'on se souvient seulement.

Les djinns, les *zar* et les *'afarite*, j'attendrai longtemps avant de les intégrer à ma pensée.

Essaouira, capitale mondiale des djinns

En juin 2000, André Azoulay, le célèbre conseiller des rois, avait ajouté au programme musical du festival Gnaoua d'Essaouira, une journée de réflexion théorique intitulée « Les ethnothérapies entre tradition et modernité ». Par « ethnothérapies », il entendait ces thérapies qui empruntaient aux thérapies traditionnelles certaines de leurs manières de faire. J'avais donc été invité à prononcer une conférence sur les djinns. Attiré par la magie de l'endroit, j'avais tout de suite accepté. Je n'avais pas réfléchi à la difficulté de l'entreprise… Une conférence sur les djinns devant un public arabophone, un public de professionnels de la psychiatrie…, quelle folie ! C'était comme se donner pour programme d'apprendre à nager aux poissons… Et à Essaouira, qui plus est, la ville des esprits, la capitale mondiale des djinns…

Les Gnaouas ont souvent la peau sombre. On les dit descendants d'anciens esclaves venus du Ghana ou de Guinée, d'où l'on aurait tiré leur nom. Mais à les connaître, on les découvre d'origines diverses, descendants d'esclaves, certes, pour beaucoup, originaires de ce grand désert qu'on appelait avant-guerre le « Soudan français », devenu Mali par la suite, mais aussi Arabes, Berbères et anciens Juifs convertis. Au-delà d'une même origine, ce qui les relie est une dévotion envers un même saint. Chaque congrégation a le sien, Moulay Brahim dans la région de Marrakech, Sidi Chamharouch dans le massif du Toubkal, mais toutes font référence à un ancêtre mythique, Sidna Bilal (« notre seigneur Bilal »), l'esclave éthiopien affranchi par le prophète, devenu par la suite son plus fidèle compagnon et le premier muezzin de l'Islam. C'est à Essaouira que se trouve la *zaouia*, la « maison » de Sidna Bilal, celui dont les Gnaouas se disent les descendants.

Zaouia, c'est ainsi qu'on désigne le lieu, comprenant la plupart du temps le tombeau d'un saint, des salles de prière et de cérémonie, un large espace extérieur pour accueillir les visiteurs ; *zaouia* est aussi le nom de la communauté qui se reconnaît en ce saint.

Au Maroc, on croise souvent les Gnaouas sur les places publiques ou sur les marchés. Ils sont acrobates, avaleurs de feu, s'enfoncent de longues aiguilles de métal dans les joues ou font danser les cobras au son de la flûte pour attirer l'attention des promeneurs. Aujourd'hui, les Gnaouas les plus célèbres, musiciens de niveau international, sont invités sur les plus grandes scènes, à New York, Paris ou Berlin. Des musiciens de jazz célèbres comme Didier Lockwood ou Marcus Miller ont joué à Essaouira avec des *ma'alem*, des maîtres de la musique gnaoua.

Mais quelle que soit leur occupation profane, leur principale fonction dans la société marocaine est de prendre en charge l'irruption des esprits, des *jnoun* (pluriel de djinn en arabe). La jeune fille malade depuis l'apparition de ses premières règles, la jeune épousée qui n'en finit pas de faire des syncopes, l'accouchée qui ne cesse de pleurer depuis la mise au monde de son enfant… à chaque fois qu'on soupçonne l'action des djinns, on fait appel aux Gnaouas. On profite de leur passage en ville, on les invite à la maison. Ils feront d'abord un sacrifice de mouton, distribueront la viande aux nécessiteux, interrogeront les augures en lançant les coquillages, en tirant les cartes ou en examinant les miroirs de l'eau… Si la divination indique l'action des djinns, ils organiseront la *lila*, la « nuit », cette fête aux esprits au cours de laquelle on traitera le mal. Mais que l'on ne s'y trompe pas, ce ne sont pas des exorcistes ! Ils ne chassent pas des diables ou des démons, au contraire, ils installent des *esprits* dans la vie d'une personne, au sein d'une famille, dans une maison. Et ils jouent leur musique, et ils chantent la gloire des djinns et ils dansent.

Après le traitement, les symptômes disparaissent ; et la guérison se révèle souvent durable à condition que la nouvelle adepte participe de temps à autre aux *lila*, les « nuits thérapeutiques », organisées pour d'autres jeunes femmes. Le traitement semble donc être le remplacement d'une affliction individuelle par l'adhésion à une congrégation de marginaux.

Le mot « djinn » renvoie au caché

Me voici donc dans la ville des Gnaouas.

Essaouira, sorte de Saint-Malo[14] posée en plein soleil, où le vent d'Atlantique, qui ne cesse jamais de souffler, maintient la température aux alentours de 20 °C, même en plein été, alors qu'à quelques kilomètres de là, dans les terres, on descend rarement sous les 40.

Le 11 juin 2000. C'était à moi de prendre la parole. J'avais le trac, bien sûr !

---

14 – La ressemblance n'est pas fortuite avec la jolie petite ville de Bretagne puisque l'architecte qui en dressa les plans en 1764, Théodore Cornut, un Français, s'était inspiré des réalisations de Vauban.

J'ai commencé par décliner tous les noms que je connaissais, m'engageant dans une longue discussion sémantique. Le mot « djinn » renvoie au mystère, au caché, mais aussi aux gens, aux races, aux espèces…, car les djinns sont une race particulière d'êtres vivants, jumeaux des hommes qu'ils suivent comme des ombres. Le Coran les dit constitués de « feu sans fumée[15] », d'un seul élément en tout cas, à la différence des humains qui sont faits de quatre (l'eau, la terre, le feu et l'air).

La parenté du mot « djinn » avec le latin *genus*, « la famille », « le lignage », « la tribu », est frappante. Peut-être est-elle due au hasard, sans doute a-t-elle été travaillée par des siècles de rencontres et d'emprunts. Djinn, ce sont donc « les gens », au point que l'euphémisme qui prévaut dans de nombreux pays arabes pour les désigner est bien *é' nass*, « les gens ». Lorsqu'on repère quelque chose d'insolite, des pierres qui tombent sur le toit sans raison, d'étranges tourbillons qui courent seuls sur le sable, des bruits étranges à midi ou à minuit, on dit : « Ce sont les gens ! » – ce qu'il

---

15 – Catherine Grandsard et Tobie Nathan, « Un feu sans fumée. Conversation avec les djinns », dans Sophie Houdard (dir.), *Humains, non-humains. Comment repeupler les sciences sociales*, Paris, La Découverte, 2011, p. 350-358.

faut entendre comme : « les autres gens », ceux qu'on n'ose désigner par leur nom : les djinns.

Le mot « djinn » renvoie donc aux forces cachées, celles qui se révèlent soudain par leur action sur le monde et cette signification se retrouve dans les mots de même racine. Ainsi le mot *janna*, l'« utérus », matrice d'où sourd la fertilité, et *janin*, son locataire, le « fœtus » ; mais aussi *jenena*, le « jardin », lieu des forces invisibles qui font pousser les plantes et encore *jennat*, le plus célèbre des jardins, le « paradis », où se révèlent aux curieux les secrets de la nature – « la connaissance du bien et du mal », dit le texte biblique. D'un point de vue conceptuel, c'est clair. « Djinn » serait l'équivalent du grec *physis*, mot qui, d'après la pertinente remarque de Pascal Quignard, désigne « tout ce qui pousse…, depuis les fleurs jusqu'aux sexes qui s'érigent… ». « Djinn », c'est ce qui fait pression en secret dans les entrailles jusqu'à surgir un jour à la vue.

Mais le mot « djinn » est rarement prononcé par les arabophones qui lui en préfèrent d'autres, quelquefois des euphémismes, ou encore des mots spécifiques à la région.

Au Maroc, les Gnaouas appellent les djinns *mlouk*, les « propriétaires », tout comme ma mère, dans ses petits rituels propitiatoires, les désignait comme les « propriétaires du sol » (*s'hab el 'ard* en arabe d'Égypte).

Mon ami, le très regretté Abdelhafid Chlyeh, le doux, le savant Hafid, avait organisé ce colloque, réuni les conférenciers, fixé les objectifs. Sans lui, aucune véritable discussion sur les Gnaouas et leurs rites ; lui disparu, ces conférences n'auront plus jamais lieu. S'il me lit là-bas, où qu'il se trouve au pays des bienheureux, qu'il sache combien je lui suis redevable de ce voyage à Mogador, la splendide, la si bien dessinée, qui est le sens du mot arabe *Essaouira*. Je n'ai pas eu l'occasion de le lui dire assez.

Chlyeh était incontestablement l'expert des rituels gnaouas auxquels il avait consacré plusieurs ouvrages de référence[16]. Il connaissait les congrégations, appelait les voyantes par leur nom, était salué bas par les *ma'alem*, « les maîtres » des confréries. À Essaouira, il était chez lui !

La veille de l'ouverture de la conférence, il m'a conduit dans l'une de leurs concessions, là où ils préparaient précisément une *lila*, une « nuit thérapeutique », pour une jeune fille dont ils avaient diagnostiqué la possession. J'ai assisté au sacrifice du mouton, j'ai reçu sur le front la tache du sang du sacrifice, j'ai vu la distribution de la viande aux indigents. Je me sentais bien. J'étais chez lui. J'y étais comme chez moi.

---

16 – Abdelhafid Chlyeh, *Les Gnaoua du Maroc. Itinéraires initiatiques, transe et possession*, Grenoble, La Pensée sauvage, 1997.

Les djinns
sont une race
particulière d'êtres
vivants, jumeaux
des hommes
qu'ils suivent
comme
des ombres.

Femmes en transe

Durant ma conférence, j'avais prononcé tous les noms que je leur connaissais, ceux en arabe, *'afrite*, *djinn*, *melk*, *ro'hani*, *zar*, et d'autres encore, comme certains noms spécifiques, celui du djinn à la peau noire, *Sidi Mimoune*, du djinn qui parfois étouffe le dormeur dans son rêve, *Aboughtass*, de ces djinns qui sont des parfums et portent leur nom, *Sidi Antar*, par exemple, et puis les noms en hébreu, aussi, le *shed*, le « démon », si proche d'un des noms de Dieu, *El Shaddaï*, les *baal*, aussi, les « maîtres » et leurs cousins de l'Antiquité, dieux cananéens et phéniciens, et tant et tant..., et les *zar* aussi, bien sûr ! C'est la forme qu'avait prise ma conférence, une déclinaison des noms et une explication des passerelles entre eux, à travers les langues. Je ne m'étais pas rendu compte sur l'instant qu'ici, dans leur pays, décliner leurs noms en public ne pouvait que les inciter à apparaître.

Et ça n'a pas manqué ! À l'issue de la conférence avec Abdelhafid, nous avons rejoint une *lila*, dans une maison patricienne de la ville. Je n'avais aucune appréhension. J'étais heureux.

Grande salle carrée. Sur un côté, les musiciens, rien que des hommes, une bonne dizaine. Le *ma'alem*, d'abord, le maître, un vieil homme au visage buriné, un virtuose du *gumbri*, le violon artisanal à trois cordes et la cohorte des rythmes, les castagnettes de cuivre, toutes sortes de tambours et une longue flûte en bambou. Sur un autre côté, les femmes, les anciennes, les initiées, aux yeux de gazelle maquillés, la coiffe déliée, les épaules dénudées… Vêtues de leurs plus belles robes, elles faisaient tournoyer les immenses foulards de couleur, étendards à la couleur de leur *melk*. Elles jetaient des regards narquois aux hommes, les mains sur les hanches, comme des promeneuses de boulevard. Et puis le reste, les autres, les sympathisants, les anciens malades, les futurs initiés, les visiteurs, les curieux, assis, debout, partout, jusqu'aux derniers recoins de la maison. La transe est toujours pour le peuple. La transe aime la foule. Petite tournée de pâtisseries au miel accompagnées de thé très sucré. Et puis ont commencé les rythmes. C'est peu dire qu'ils sont lancinants. En fermant les yeux, on se sent balancé sur le dos d'un dromadaire dans un océan de sable. Et la voix éraillée du vieux qui s'élève, puissante, pour accompagner le balancement des sens. Il commence par une sorte de psaume à Dieu, à qui il demande son pardon, à Mohammad, surtout, son messager. Les femmes reprennent en chœur, l'une d'elles, surtout, à la voix profonde, un peu voilée, et puissante.

Pause. Aspersion d'eau de fleur d'oranger, fumigations d'encens, purifications.

Et les rythmes s'accélèrent. Et l'on chantera les poèmes aux esprits, on fumera leurs senteurs, on se couvrira de leurs couleurs, déclinant successivement le rouge, le souverain, leur chef, et son épouse, Lala Rokia, la guérisseuse, qui sait interrompre le sang et ses douleurs, puis le bleu clair, c'est une femme, la tranquille, l'eau dormante, et sa suite, la foule de petits démons qu'on appelle *ba'hriyine*, «ceux de la mer», et le jaune, pour les coquettes, les séductrices, les amantes et leur patronne au nom espagnol, Lala Mira... Et l'on change de rythme à chaque fois, et je me demande comment ils font pour retenir les paroles de tous ces chants. Il doit être minuit et rien n'a encore vraiment commencé. Jusque-là, ce n'étaient que présentations. Terrible solo de tambour, angoissant. C'est la noire, celle qui ravit les âmes des égarés, Lala 'Aicha Kendisha, suivie de sa ribambelle de gens de la forêt *(rijal el gheb)*.

C'est alors que débutent les danses. Et voilà les femmes qui tombent – elles ne tombent pas, en vérité, elles s'offrent corps et âme. Les esprits dansent par leurs jambes, crient par leur bouche, jouissent par leur ventre. Si on regarde leurs pieds, on les dirait en lévitation. C'est ici qu'intervient la magie. On ne voit plus les femmes, mais l'esprit, le djinn, la *djenneya*, Lala Malika, la reine, la mauve, Lala 'Isha Shrifiya, l'aristocrate… Et même dans le moment tragique des ténèbres, au bout de la nuit, lorsqu'un adepte mime la reptation de l'esclave enchaîné, au plus profond de leurs transes, celui des origines, le *'abid*, l'esclave, le Noir… Elles sont belles, ces femmes, jamais vulgaires, jamais totalement sauvages…

Toute la nuit, j'ai fermé les yeux, me laissant pénétrer par la musique, attendant qu'un esprit me possède à mon tour. Rien ! seulement un petit mal de tête, de n'avoir pas assez dormi trois jours d'affilée, sans doute.

Il faut désirer les êtres

Dans le dispositif gnaoua, certaines personnes ne tombent pas en transe : les musiciens et les chanteurs, bien sûr, qui doivent concentrer leur attention sur la musique, le maître *(ma'alem)*, qui dirige l'orchestre, les chants et surveille les danses. Mais quelquefois, on le voit vaciller ; il mime la transe comme s'il était pris à son tour… Tous les autres sont susceptibles de tomber, depuis les initiés aguerris jusqu'au visiteur qui assiste à la cérémonie pour la première fois. Et moi ? Pour quelle raison la transe m'est-elle impossible ? À quelle place aurais-je pu me trouver dans cette assemblée de Gnaouas ? Je déteste celle d'observateur. Je la trouve lâche et perverse. Je n'aurais pas pu davantage insister, revenir, tournoyer jusqu'au vertige en quémandant la transe. Il y avait là quelques Français qui s'y essayaient. Pendant un long moment, j'ai regardé cette jeune femme blonde qui cherchait le rythme, mais celui des Gnaouas s'échappe sans cesse, s'accélère, se modifie. Il suit les paroles des chants-devises adressés aux *mlouk*, les apostrophe, les encense. On ne peut désirer la transe en ignorant les êtres ! Elle cherchait le pas, mais elle glissait, se rattrapait, tentait de mimer l'absence… Quelle erreur, me suis-je dit, ce sont les présences qu'on attend et elle cherche seulement à s'évanouir. Il faut désirer les êtres, *les autres*, nos « propriétaires », il faut les appeler, les supplier… Le tourbillon, le vertige, les pas de danse sont un simple moyen, un chemin… Elle transpirait, souffrait, s'essoufflait… Décidément, cette position de quémandeur ne pouvait me convenir.

À la fin de la nuit, j'ai compris que je ne serais pas possédé par un *melk*, un esprit des Gnaouas, que je ne suis pas fait pour ça, seulement peut-être à leur servir de médiateurs dans une consultation, comme j'avais appris à le faire avec Prudence, ma patiente camerounaise.

Alors, à quelle place me trouver dans le rituel des Gnaouas ? Aucune ! Je ne suis pas musulman, je ne suis pas marocain, en aucune manière gnaoua, par conséquent ! Je sais pourtant que les êtres sont indispensables au travail du thérapeute.

Les êtres, je les appellerai ainsi désormais, sont vivants, mais leur présence ne se révèle à la vue et à la vie sociale que par la grâce des possédées. Ces êtres, à quoi les comparer dans notre monde ? À des concepts, en première analyse – la « servitude », la « mer », la « forêt », la « coquetterie », le « sang », la « capture »... À l'amour, aussi, bien sûr, sous toutes ses formes. Combien ont noté la lascivité de la danse avec leurs djinns, elles que l'on dit parfois « chevauchées ». Devereux ira même jusqu'à expliquer que la transe est un orgasme mimé[17]. La sexualité est très présente, c'est certain, mais pas plus que l'amour, un amour total, celui d'une femme qui abandonne son corps à l'être invisible, du dedans comme du dehors, jusqu'à ne plus faire qu'un avec lui. Lorsqu'on regarde une possédée danser, on ne sait plus distinguer l'humain du non-humain, l'amant de l'aimée.

---

17 – Michel Leiris, *op. cit.*, dans son observation du *zar* en Éthiopie, mais aussi Georges Devereux, qui, un peu à la manière de Charcot, rabaissait la transe à une manière d'exutoire sexuel : Georges Devereux, « Transe et Sexualité », dans Mircea Eliade, Jean Lhermitte, Georges Devereux *et al.*, *Les Corps à prodiges (extases, photographies Kirlian, transe et sexualité, lévitation, stigmates, chamanisme, luminescences, parfums mystiques)*, Paris, Tchou, 1977.

Non ! il ne faut pas chercher des explications qui simplifient, qui rabattent, qui ramènent à du déjà connu. La transe, c'est de la vie intense condensée !

Mais avant toute chose, la transe est l'art de faire apparaître les présences. C'est pour cette raison qu'en arabe on la nomme *'hadra*, « présence ».

Si les êtres sont bien des concepts, ces concepts se distinguent des nôtres par le fait qu'ils sont vivants, autonomes, qu'on peut les interroger, jouer avec eux, les appeler, ruser, les tromper – des concepts, oui, mais qui répondent au philosophe ! Platon se chamaillant avec l'Idée, Descartes s'accouplant avec le Moi, Hegel suppliant l'Histoire… Peut-être Sartre l'avait-il un peu compris lorsqu'il a décidé de prendre de la mescaline pour se colleter avec l'Imagination…

Les êtres, je l'ai découvert avec Prudence, je me le suis vu confirmer par les rituels que j'ai pu observer au Mali, au Sénégal, à La Réunion, au Brésil…, les êtres sont indispensables à quiconque veut faire métier de thérapeute, mais il faut être choisi par eux. On ne peut pas tricher, tenter de se faufiler auprès d'êtres qui ne vous reconnaissent pas. Si je veux les trouver, je ne peux les chercher que de mon côté, soit dans le monde dans lequel je vis, soit dans de celui de mes ancêtres…

Un être invisible, le Covid-19

C'était bien avant mes pérégrinations africaines, dans la toute fin des années 1980. Je devais prononcer une conférence devant un parterre de psys. Le titre en était, je m'en souviens, « Le regard, la parole et le toucher en psychanalyse et dans les dispositifs thérapeutiques traditionnels ». Le lieu était charmant, une vieille église dans le sud de la France. En attendant mon tour de parler, j'avais pris place dans le public. Mon attention fut attirée par le manège de ma voisine, une dame âgée, très digne avec son col blanc boutonné. Elle se tenait à un peu plus d'un mètre de moi, tout comme de son voisin de gauche, et, de son mouchoir, elle essuyait le banc avant d'y poser la main. À la pause, elle m'a apostrophé : « Je vous ai bien vu me regarder de travers… Vous ne m'avez pas prise pour une folle, tout de même ! J'ai bien compris ce que vous pensiez, allez ! Détrompez-vous, je ne suis pas folle, je suis réaliste, c'est tout! On ne peut pas savoir si l'homme qui m'a précédée sur ce banc ne s'était pas masturbé... Et pour peu que cet homme ait posé sa main maculée sur le banc... Vous avez tôt fait d'attraper des animalcules. »

Pour moi, à l'époque, éduqué dans les séminaires de l'Institut de psychanalyse de la rue Saint-Jacques à Paris, il n'y avait pas de doute: cette femme souffrait d'une névrose obsessionnelle – aujourd'hui, on dit « troubles obsessionnels compulsifs », « TOC » en abrégé.

Cette scène s'est déroulée des décennies avant l'épidémie de Covid-19, en un temps où il n'était pas « normal » d'être obsédé par les êtres microscopiques.

La principale obsession constituant le syndrome du TOC est la peur d'être contaminé. Les objets inspirant la terreur sont ceux touchés par le plus grand nombre: les poignées de porte, les barres du métro, les sièges de l'autobus ou du métro, les lunettes de WC. Il en résulte une phobie du toucher (nom savant: « haptophobie », du grec *hapto*, « toucher », et *phobos*, « peur »). L'actrice américaine Cameron Diaz souffrirait d'une sévère haptophobie, condamnée à ouvrir les portes avec son coude pour éviter les poignées. Elle aurait même avoué à ABC News avoir tellement astiqué les poignées des portes de sa maison de Los Angeles que la peinture en aurait disparu.

Lorsqu'on est atteint de telles « phobies », on fait main basse sur les lingettes bactéricides, on se frictionne de gel hydroalcoolique, on use plusieurs savons par semaine et on ne lésine pas sur les désinfectants. Car on est engagé dans une lutte sans merci contre des ennemis invisibles – microbes, bactéries ou virus –, et cela jusqu'à se déchirer la peau…

Le TOC est un trouble grave figurant dans le *DSM*[18], le manuel de référence de la psychiatrie américaine, très utilisé par les psychiatres partout dans le monde. Non soigné, le TOC a tendance à se répandre, jusqu'à occuper tout l'univers mental de la personne qui en est atteinte. Il peut même provoquer une altération grave de ses relations sociales, pouvant la conduire à l'auto-enfermement…

Quant à l'étiologie, il est difficile de déterminer la cause d'un TOC. À cet égard, plusieurs facteurs sont soupçonnés : biologique, individuel, environnemental… Querelles d'experts !

Aurait-on oublié d'indiquer que cette maladie pouvait aussi être induite par une distillation quotidienne de conseils de prévention, comme ceux qui nous ont été délivrés à

---

18 – DSM-5. Manuel diagnostique et statistique des troubles mentaux ; trad. française, Elsevier-Masson, 2015.

partir du mois de mars 2020, depuis le déclenchement de l'épidémie de Covid-19 : *se tenir à distance, ne pas se serrer la main, éviter de toucher objets ou personnes, se laver les mains toutes les heures...* Autant de rituels d'haptophobes. On peut se demander si les autorités sanitaires ne nous auraient pas carrément collé des TOC...

Ou bien auraient-elles au contraire affûté notre regard, nous rendant attentifs à un nouvel être qui fait irruption ? Cet être qui s'intéresse fortement à nous, qui exige de partager notre monde, nous l'avons nommé « Sars-CoV-2 ». Comme le font souvent les invisibles, comme le font les djinns ou les *mlouk*, cet être tente de nous soumettre à sa volonté par la maladie. Mais celui-ci est puissant ! Battus, les diables, démons et autres *zar* qui n'affligent que de petites communautés... Lui voit plus grand, bien plus grand : il s'est emparé en quelques mois des humains du monde entier qui ne pensent qu'à lui, ne parlent que de lui dans leurs perpétuelles cérémonies télévisées qu'ils appellent *News*.

Nous autres, humains, n'aurons jamais été aussi attentifs, et à une si grande échelle, à l'existence d'un invisible. Et les phobiques – Ah l'intelligence sensitive des phobiques ! – et les « toqués », les personnes atteintes de TOC, se révèlent l'avant-garde d'une humanité devenue curieuse du monde des invisibles.

La connaissance des rituels traditionnels de transe destinés à présentifier les *zar*, les *mlouk* ou les djinns, nous a enseigné que l'irruption dans notre monde d'êtres radicalement autres se manifestait d'abord par une maladie des humains. Elle nous a également enseigné qu'il ne fallait pas se laisser hypnotiser par cette maladie, mais mobiliser notre attention sur les êtres, se mettre à leur école, apprendre leurs modes d'existence, comprendre leur appétence pour notre monde… Et tout faire pour entrer en interaction avec eux.

Des messages de peur

Qu'a-t-on vu lors de l'explosion de l'épidémie de Covid-19? De la peur ! Seulement de la peur… Des dirigeants qui avaient peur, peur de se tromper, peur de se faire « dégager », peur de contracter la maladie, aussi, eux qui n'avaient pas loisir de s'appliquer leurs propres conseils de prudence… Et ces dirigeants n'ont rien trouvé de mieux que de transmettre cette peur à leurs administrés. Ils ont voulu nous faire peur, nous convaincre que nous devions avoir peur… Ils ont réussi ! Nous avons fini par crever de peur. Bernard-Henri Lévy a eu raison de remarquer, dans le petit pamphlet qu'il a consacré à l'épidémie[19], qu'on

19 – Bernard-Henri Lévy, *Ce virus qui rend fou*, Paris, Grasset, 2020.

Comme
le font souvent
les invisibles,
comme le font
les djinns
ou les *mlouk*,
le Covid-19 tente
de nous soumettre
à sa volonté
par la maladie.

ne nous a proposé que des pensées rétrogrades, anémiques, réduites à leur plus simple expression : se protéger, se tenir à distance, se confiner, se calfeutrer, au risque de créer de modernes léproseries… Et ces messages d'une simplicité bêtifiante étaient répétés *ad nauseam*, alors que chaque soir un émissaire macabre venait nous menacer du pire en égrenant les chiffres des malades et des morts. Pas d'invitation à savoir, à découvrir, à penser… Pourtant les virus, ces êtres dont nous commençons tout juste à mesurer la complexité et l'étendue du monde, ces virus si proches de nous, au point que nous en hébergeons des cohortes, des légions, des milliards, dans nos viscères, qui jouent au tréfonds de nos cellules avec les constituants de notre ADN, sur eux, les virus, il y en avait à connaître, il y en avait à raconter ! Or, on ne parlait que de la maladie, si peu des êtres, des virus…

Bernard-Henri Lévy a tort, en revanche, lorsqu'il affirme que les virus sont bêtes[20]. Je ne sais pas plus que lui dire si *un* virus est doté d'intelligence et de quelle intelligence, mais je sais que leur façon de transmettre leur patrimoine génétique à travers le temps, sur des centaines de millions

---

20 – « D'abord, je le répète, les virus sont bêtes ; les virus sont aveugles ; les virus ne sont pas là pour raconter des histoires aux humains ou relayer celles de leurs mauvais bergers… » Bernard-Henri Lévy, *op. cit.*, p. 50.

d'années, leurs stratégies d'existence, sont d'une complexité et d'une efficacité qui défient aujourd'hui l'entendement des chercheurs.

Plutôt que nous plonger dans une perplexité comateuse, l'irruption de cette épidémie aurait dû être considérée comme une mise en demeure, l'obligation de partager avec la population, avec nous, avec tout un chacun, une connaissance approfondie de ces êtres qui viennent exiger de nous.

Bernard-Henri Lévy a tort à nouveau lorsque, prenant ses sources dans Georges Canguilhem, il écrit que le virus n'est rien qu'un « poison », qu'à la différence du microbe ou de la bactérie il n'est pas vivant[21]. Non seulement expliquer la nature des êtres par l'étymologie de leur nom (en latin, *virus* signifie « venin », « poison », littéralement : « suc de plante ») est ridicule, mais surtout l'idée que le virus n'est pas vivant semble aujourd'hui absurde. Les recherches tendent à montrer que, si le virus ne correspond pas à la définition traditionnelle, il possède un mode d'existence si

---

21 – « Comme si un virus voulait ! Et comme si un virus vivait ! S'il y a une chose à savoir sur les virus, disait encore Georges Canguilhem, c'est qu'à la différence du microbe qui signifie, étymologiquement, "petite vie", le virus est un "poison", il n'est ni vivant ni mort et n'est peut-être que la radicalisation et la métaphore de l'être-pour-la-mort ! » Bernard-Henri Lévy, *op. cit.*, p. 39.

paradoxal qu'il remet en question jusqu'à notre conception du vivant.

Commençons par là, par cette première question : les virus sont-ils des êtres vivants ? Ayant défini jusqu'alors comme vivants des êtres composés de cellules et produisant de l'énergie par la respiration, nous sommes obligés de constater que les virus ne le sont pas. Eux qui ne sont pas constitués de cellules, qui ne possèdent même pas de noyau, et ne produisent aucune énergie, devraient, en toute logique, être considérés comme de simples fragments de matière. Pourtant, dès qu'ils pénètrent dans leur hôte, la cellule qu'ils vont infecter, les virus sont immédiatement animés d'une activité intense et complexe. Ils piratent la cellule, détournent son code génétique, y introduisant de nouveaux paramètres pour la mettre au service de leur propre reproduction. Ils transforment chaque cellule qu'ils investissent en une véritable usine à fabriquer des duplications, qu'on appelle « virions », de nouveaux virus, qui s'en iront à leur tour infecter d'autres cellules, et ainsi de suite…

Alors, on pourrait dire que les virus sont inertes, « métaboliquement inactifs », tant qu'ils sont éloignés de leur hôte, mais vivants sitôt qu'ils l'ont pénétré, « l'ensemble de la machinerie cellulaire [étant alors] entièrement consacré à la production de descendants viraux»[22]. À la fois morts et vivants, si l'on s'en tient à la définition ancienne, à moins qu'on ne soit amené à réviser la notion de vie et à la penser en termes relationnels et non plus ontologiques. Devrait alors être considéré comme vivant, *tout ce qui anime le monde au service de sa propre reproduction*.

Des milliards de virus

Nous voyons que cette éventuelle définition de la vie découlant de l'observation fine des virus rejoint celle découlant de l'écologie des esprits telle qu'elle transparaît de l'observation des rituels de transe (de présentification). Car, tout comme pour les virus, on pourrait se demander si un djinn est vivant. A priori, on pourrait définir le djinn comme une «croyance populaire», un personnage mythologique. Considérant la complexité et la richesse de ses attributs, j'ai préféré la notion de «concept». En tout cas, il s'agit d'un être de pensée, sans corps, sans autonomie. Comment pourrait-on le qualifier de vivant? Il l'est pourtant dès lors qu'il rencontre un être humain – un humain qu'il rend

---

22 – Teri Shors, *Understanding Viruses*, Jones and Bartlett Publishers Inc., 2e ed., 2011.

d'abord malade puis qu'il contraint à lui rendre un culte au cours duquel d'autres humains « tomberont », c'est-à-dire qu'ils seront saisis par des djinns à qui ils devront à leur tour rendre des cultes, et ainsi de suite… La correspondance est troublante ! Tout comme le virus, il est inerte jusqu'à sa rencontre avec l'humain qu'il investit. Ensuite, il devient vivant, animé d'une surprenante vitalité.

Des virus, il y en a partout, par brassées de milliards. Nous sommes inondés de virus… Huit cents millions se déposent chaque jour sur un simple mètre carré de terre ; dans une cuillerée d'eau de mer, il y aurait plus de virus que d'habitants en Europe et lorsque nous partons nager dans la mer, en quelques brasses, nous en avons avalé plus d'un milliard… C'est un peu ce que me disait une maîtresse des esprits rencontrée au Sénégal en parlant des êtres dont elle s'occupe : « Des *djinnas*, Monsieur, il y en a tant, partout, mais ils sont invisibles… Si on les voyait, on n'oserait pas poser le pied à terre tant ils sont nombreux… » Et elle désignait le sol du doigt avec un large sourire.

Plus haut, je proposais de considérer les djinns comme des *concepts*, mais des concepts animés. Idée étrange. Comment un concept pourrait-il être animé, c'est-à-dire doté d'une intention propre et d'une certaine autonomie ? Je cite maintenant Ed Rybicki, professeur en microbiologie à l'université du Cap, qui énonce une idée très similaire à propos des virus qui seraient d'après lui « autant *un concept* qu'une *chose* ». Plus encore, en discutant la nature du virus, en décrivant la relation qu'il établit avec l'hôte qu'il investit, il fournit une base biologique aux phénomènes de transe et de possession. Il écrit : « Je considère que les virus sont vivants, car lorsqu'ils sont dans une cellule, ils SONT la cellule. »

Voici donc un être qui, lorsqu'on le croise éloigné de son hôte, semble être une « chose », un minuscule fragment de matière, un assemblage de molécules dont l'existence pourrait tenir du hasard, et lorsqu'il est hébergé, s'anime soudain et s'engage dans une activité frénétique de reproduction de lui-même. Animé, vivant, à condition que sa vie soit celle d'un autre, la cellule qu'il a investie.

Moi qui étais perplexe lorsque je tentais de définir la transe, ne sachant mieux la décrire que comme l'expérience d'une personne prêtant son corps et sa voix à des invisibles, la formule de Rybicki m'encourage à être plus affirmatif. La possédée devient le djinn, tout autant que le djinn devient la possédée – les deux négociant, au moins le temps de la transe, une vie « partagée ». Peut-être devrons-nous un jour nous rendre à l'évidence, accepter que notre vie ne puisse être que partagée avec toutes sortes d'autres êtres, des bactéries, par centaines d'espèces, qui peuplent nos intestins, des virus par milliards qui hantent nos cellules…

Ce n'est pas seulement notre conception de la vie que l'existence des virus nous contraint à réviser, mais aussi celle de notre propre identité. Car si l'on se demande de quoi est faite l'existence des esprits, des démons, des djinns une fois que l'on s'est débarrassé de la tentation de les rejeter d'un revers de main comme des superstitions d'un autre âge, la réponse coule de source. Les djinns sont une obligation imposée aux humains de penser, jusqu'à l'extrême limite de leur compréhension, ce qu'ils ne sont pas.

Les Choses

Objets animés, avez-vous vraiment une âme ?

Et de même que ce Golem s'est figé en une figure de glaise à la seconde même où la syllabe secrète de la vie fut ôtée de sa bouche, je me dis que tous ces êtres humains devraient eux aussi s'effondrer soudain en un instant, dépourvus de toute âme, si l'on effaçait de leur cervelle une quelconque notion minuscule…

Gustav Meyrink, *Le Golem*

S'il fallait trouver une différence entre les pensées traditionnelles de la thérapie et les pensées modernes, tant celles de la psychothérapie que de la chimiothérapie, ce serait assurément que les traditions mettent en œuvre des « choses » – non pas des substances, comme la chimiothérapie, non pas des symboles, comme la psychothérapie, mais des choses, fabriquées, complexes, qu'on active selon des modalités spécifiques et dont on attend une action sur le monde et sur les personnes.

Retour sur le voyage à Ouagadougou en 1988. Après le long exposé de Sarah nous relatant comment sa rencontre avec Jésus lui avait permis de se débarrasser des obligations qui la liaient aux *kiligaro*, les esprits de son village, je restais dubitatif. Quelles avaient été les modalités de sa thérapie dans l'église ? Malgré ce qu'en disent souvent les prêtres et les pasteurs, je sais que la prière est une condition de la thérapie, sa mise en œuvre, pour ainsi dire, et non pas le processus lui-même. Je me demandais donc quelle avait été la technique réelle de son pasteur. Comment avait-il obtenu, et si rapidement, des résultats aussi spectaculaires ? Peut-être induisait-il des transes, comme cela se passe souvent dans les églises évangéliques, comme je l'avais vu faire au Bénin dans les églises des Gbigbowiwé[1]. J'ai eu l'occasion d'observer ces mêmes rituels ailleurs, au Bénin, au Togo, à La Réunion, au Brésil, aussi… Quelques adeptes se rassemblent

---

1 – *Gbigbowiwé*, littéralement « souffles blancs », autrement dit « âmes pures » en langue fon. Il s'agit de l'Église du christianisme céleste, fondée par Joseph Oshofa, très populaire dans le sud du Bénin. Voir notre description des rites dans Tobie Nathan et Lucien Hounkpatin, *La Parole de la forêt initiale*, Paris, Odile Jacob, 1996.

autour d'une fidèle en souffrance et se mettent à invectiver les démons en invoquant le « nom de Jésus ». Ils vocifèrent, grimaçant de colère. Il y a de quoi être impressionné ! Mais ce moment d'invectives ne me semble pas déterminant non plus, c'est une préparation, la création d'une sorte de stupeur préalable. Survient alors la transe, la possession, au cours de laquelle la personne en souffrance révèle soudain les forces maléfiques qui l'habitent, comme si l'esprit, effrayé par les croyants en fureur, se trouvait contraint de révéler son visage et son nom. Ces forces, ces êtres, dont la délivreront les adeptes, le groupe rapproché de fidèles, sont souvent assimilés aux divinités traditionnelles, comme si les dieux des anciens étaient devenus les diables des modernes. Dans ces églises, il s'agit donc bien d'exorcisme, d'expulsion des esprits, à la différence des rituels aux *mlouk* et aux *zar*, où les esprits sont appelés, accueillis et installés. Dans les rituels évangéliques, c'est au contraire ce moment d'expulsion du mal qui me semble véritablement thérapeutique. Mais je n'en trouvais pas trace dans le récit de Sarah.

Devant l'afflux de nos questions, son mari nous a proposé de nous conduire dans cette église. Le pasteur de Sarah, nous a-t-il dit, accepterait certainement d'échanger avec nous et saurait, c'est certain, répondre à nos questions.

Une église évangélique
dans la banlieue
de Ouagadougou.
On y invoque Jésus,
on y invective les démons.

Des détritus, des déchets et des choses

Un bâtiment très simple, en béton, respectant grossièrement l'architecture d'une église, avec sa nef et une manière de clocher cubique. Un petit orchestre, deux guitares électriques, un clavier, trois tambours. De grandes salles pleines de monde, des fidèles en liesse chantant la gloire de Jésus-Christ. Nous avons chanté avec eux. Après la messe, avec le pasteur, nous avons rejoint un petit groupe de fidèles dans une autre salle où ils se sont occupés d'une malade. L'entourant, si proches au point de la toucher, ils ont crié, invoqué Jésus, invectivé les démons. Ils semblaient hors d'eux, comme habités d'une divine colère. Mais la patiente est restée impassible. Elle semblait certes contrite mais n'a pas été prise de convulsions, n'a pas rugi, n'est pas entrée en transe. Ce jour-là, ils n'ont expulsé aucun démon. Après cette séance, à l'ombre de l'arrière-cour, nous avons entamé une discussion avec le pasteur et son assistant. C'est alors que nous avons appris qu'ils disposaient de techniques bien plus sophistiquées que l'exorcisme pour extraire le mal.

J'ai d'abord expliqué au pasteur le motif de notre visite :

– Nous venons vers vous sur le conseil de Sarah. Elle nous a expliqué qu'ici, dans cette église, on s'était occupé de sa

maladie, il y a quelque temps. Elle nous a dit : « Allez voir mon pasteur, c'est lui… Il s'est occupé de moi lorsque j'étais malade… Il vous expliquera comment il a fait. »

Le pasteur était un homme jeune, 35 ans environ, de belle prestance. Sa fille, âgée de 3 ou 4 ans, collée à lui, nous examinait avec méfiance. Elle n'a pas quitté son père tout au long de l'entretien. Il parlait un français correct. J'ai pensé qu'il avait au moins terminé des études secondaires. Il nous a d'abord expliqué, presque en s'excusant, que la femme que nous avions vue dans l'église durant l'office, celle pour laquelle le groupe de fidèles lançait des imprécations contre le malin, était nouvelle. Et, insistant sur l'ouverture de son église, son orientation œcuménique, il a ajouté :

– La femme que vous avez vue tout à l'heure, celle qui souffrait beaucoup, elle est venue pour la première fois ce matin. Elle nous a prévenus qu'elle n'était pas chrétienne, qu'elle était musulmane. Mais cela nous est égal. Nous distribuons les bienfaits de Dieu sans nous soucier des races ou des religions. Dieu peut tout !… Et pour tout le monde !

Nous lui avons demandé de parler de maladies et de guérisons. Nous lui avons dit que nous nous intéressions aux façons de procéder… Le pasteur allait nous expliquer…, mais il est parti dans un petit cabanon fermé par un cadenas. Il est revenu quelques instants plus tard, tenant un sachet en matière plastique qu'il avait manifestement préparé en prévision de notre visite :

– *Il y a des gens qui viennent ici, qui sont un peu malades, possédés... Alors, on s'occupe d'eux et ils repartent guéris, vraiment, et c'est par la puissance de la prière...*

Pour l'attester, il ouvre le sac en plastique, d'où il tire d'étranges cailloux, certains gros comme le poing, qu'il étale sur une natte. Puis il dit :

– *On a tout vu, ici... Nous traitons beaucoup de cas. Regardez ! Tout ça, c'est sorti d'une seule personne. (Il montre les cailloux un par un.) Celui-ci, elle l'a accouché... Celui-là aussi. Ça, c'est une mâchoire, je ne sais pas de quel animal il s'agit, un âne peut-être... Celui-là, elle l'a vomi... Et celui-là, elle l'a chié...*

Derrière lui son assistant atteste :

– *Toutes ces choses sont sorties d'une seule personne...*

Et le pasteur continuait son énumération (montrant un morceau de verre, l'éclat d'une bouteille brisée) :

– *Ça, elle l'a chié aussi... (puis un morceau de métal rouillé, sans doute un fragment de vieux bracelet...) et ça, elle l'a sorti de son vagin.*

Ainsi, le pasteur ne se contentait pas de prier et d'invectiver les démons, il extrayait aussi le mal du corps des patients – la plupart du temps, il s'agissait de patientes. Et il ne le faisait pas sortir en procédant à des exorcismes,

Cailloux extraits du corps
d'une seule malade,
selon le témoignage du pasteur.
On aperçoit en bas, à droite,
un tesson de verre.

mais en extrayant de leur corps des pierres, du verre et de la ferraille. Je suis resté interloqué. Il ne nous a fourni aucune justification, ne nous a pas expliqué comment de tels cailloux avaient pu se retrouver dans le corps d'une femme. Il faut dire que c'était inutile tant sa pensée nous paraissait évidente. C'est ainsi que je la formulerais : le corps de celui qui n'a pas connu Dieu est chargé… par le destin, par des actions malveillantes, aussi, sans doute, par ses propres noirceurs…, son corps, disais-je, est chargé de terre, de pierres, d'éclats de verre, de fragments de métal rouillé, de toutes sortes de déchets… On peut imaginer les tourments et les douleurs que peuvent causer de tels objets circulant dans l'organisme d'une personne. Car il nous a précisé que, sous l'effet de la prière, ces objets circulaient dans le corps.

> – *Nous commençons à prier et nous voyons ces choses bouger dans le corps… Elles sont dans le bras, nous voyons une boursouflure, nous prions et hop ! les voilà dans le ventre, dans les cuisses…*

Aucun d'entre nous, ni Peter, le chercheur en biologie, la tête savante, ni Lucien, le psychanalyste, ni Emmanuelle, la cinéaste, aucun n'a osé lui répliquer qu'une telle chose ne nous paraissait pas possible. Moi, pas davantage, du reste. C'est qu'il nous parlait sur un ton tranquille, distancié, laissant entendre qu'il n'avait aucune prise sur de tels phénomènes, qu'il se contentait de les constater, récoltant seulement les preuves concrètes qu'étaient ces étranges déchets, des preuves qu'il pouvait exhiber à la face du monde, comme il le faisait devant nous... Et il montrait les cailloux à la caméra, et son assistant d'attester...

Subterfuge? Sans doute! Grosses ficelles? Pas sûr!... Je veux dire: pas si grosses que ça[2]... Quant à moi, je n'avais pas oublié la guérisseuse que Mam' Geneviève était allée visiter en République du Congo, dans la grande banlieue de Brazzaville. Un cameraman de notre équipe l'accompagnait durant son voyage. Elle a rapporté d'impressionnantes images qu'elle est venue projeter lors de séminaires. La femme était presque nue, le ventre et le haut des cuisses recouverts d'une jupette de raphia. Dans sa case régnait une chaleur de four. Des dizaines de patients faisaient le pied de grue à sa porte. À chacun, elle appliquait la même technique, sorte de chant traditionnel au cours duquel elle en appelait à ses esprits protecteurs. Fumigations. Puis elle passait une feuille de bananier le long du corps et, soudain,

---

2 – Pour l'analyse d'actes d'illusionnistes dans le processus thérapeutique, on pourra lire Alain Epelboin, « Des trépanations préhistoriques aux pompes à venin contemporaines : de l'efficacité du recours à l'illusionnisme dans des processus thérapeutiques », dans Alain Froment (dir.), *Archéologie de la santé, anthropologie du soin*, Paris, La Découverte, coll. « Recherches », 2019, p. 239-250.

elle faisait un geste brusque, une grimace et exhibait un déchet prétendument extrait du corps du patient. Là aussi, c'étaient des tessons de bouteille, des clous, des pierres, aussi… Elle ne justifiait pas son action par la foi en un dieu ou par l'appel aux esprits. Tel un chirurgien, elle extrayait et voilà tout. Et les patients partaient de là, leur fragment de verre ou leur clou rouillé dans la main, perplexes, sans doute, mais soulagés… Mes collègues l'ont filmée durant son travail. Combien de fois n'ai-je visionné la vidéo pour découvrir le subterfuge ? Sans succès, je dois dire. Je me suis souvent dit qu'il me faudrait un jour montrer ce document à un illusionniste. Lui saurait mieux que nous découvrir l'astuce technique… Mais là ne résidait pas l'essentiel à mes yeux. Plutôt dans la mise en œuvre de l'expulsion d'un corps étranger, source de douleurs, de mal-être, de malheurs…

Il existerait donc une sorte de courant thérapeutique qui s'arrange des pensées et des traditions du lieu, ici chrétien, là animiste, ailleurs musulman[3], dont la procédure technique

---

3 – J'ai décrit dans *L'Influence qui guérit*, *op. cit.*, la technique d'une guérisseuse tunisienne, qui partait à la pêche aux sorts en faisant avaler à ses patients une boulette attachée à une longue ficelle. Une fois la boulette ingurgitée, elle tirait lentement sur le fil et ramenait infailliblement une matière noirâtre extraite des entrailles de la personne souffrante.

consiste chaque fois à extraire des « déchets » du corps des patients, déchets qui se révèlent être la véritable cause de leur affliction.

Une boule de duvet ensanglanté comme maladie

Et ce courant n'est pas cantonné à la seule Afrique. Comme beaucoup, je gardais en mémoire le célèbre article de Claude Lévi-Strauss intitulé « Le Sorcier et sa magie », paru pour la première fois en 1949 dans *Les Temps modernes*[4]. Il y relatait l'initiation puis la vie d'un shaman indien de la tribu kwakiutl qui avait commencé sa carrière, encore

---

4 – « Le sorcier et sa magie », repris dans *Anthropologie structurale*, Paris, Plon, 1958. Le fait est que le récit de ce shaman provient d'une interview réalisée en 1930 par Franz Boas, *The Religion of the Kwakiutl Indians, Columbia University Contributions to Anthropology*, vol. 10, New York, 1930, part. 2, p. 1-41. Boas révélera plus tard que Quesalid, le shaman en question, s'est un peu moqué de lui, racontant ce que l'ethnologue souhaitait entendre… Bien plus récemment, un chercheur a réalisé une enquête approfondie sur l'identité de ce shaman et sur son intérêt à révéler les ressorts de son art, montrant combien la théorie développée à son sujet avait été artificiellement introduite par les ethnologues successifs. Voir Harry Whitehead, « The hunt for Quesalid : Tracking Lévi-Strauss' shaman », *Anthropology & Medicine*, vol. 7, n° 2, 2000, p. 149-168.

adolescent, en dénonçant le subterfuge d'un vieux shaman qui prétendait extraire le mal du ventre d'un patient.

D'après le récit qu'en fait Lévi-Strauss, Quesalid, un jeune garçon de la tribu kwakiutl[5], était attiré par le travail des shamans qu'il regardait travailler durant des heures.

L'art du shaman est complexe, associant la connaissance des plantes à la prestidigitation, la maîtrise de chants magiques, la capacité d'entrer en transe et, surtout, spécialité des shamans kwakiutl, l'utilisation d'une boule de duvet d'oiseau. Le shaman dissimule cette boule dans sa bouche et, après l'avoir imprégnée du sang produit par la morsure de sa propre langue, la recrache au moment voulu en donnant l'impression qu'il la sort du corps du malade. C'est cette boule de duvet ensanglantée qu'il présente alors à son patient comme étant « la maladie ». Ainsi, le shaman kwakiutl extrait lui aussi la maladie du corps de son patient. Dans le récit de Lévi-Strauss, le jeune Quesalid a repéré le tour du vieux shaman, l'a dénoncé, a par la suite traqué les faussaires en exposant leurs subterfuges au grand jour. C'est alors, après ce véritable « coup de pub », qu'un malade de son village a rêvé de lui comme de son sauveur. Âgé d'à peine

---

5 – Grâce aux patientes recherches de Harry Whitehead, *op. cit.*, on a appris que Quesalid n'était pas kwakiutl, mais métis, de père anglais et de mère tlingit (sud de l'Alaska).

Pour Lévi-Strauss,
le shaman
est efficace
parce qu'il « croit »
que l'objet
extrait du corps
est la maladie et vit
dans une société
qui partage cette
croyance.

16 ans, encore tout jeune stagiaire, si l'on peut dire, hésitant et sceptique, Quesalid ne pouvait se démettre. Il entreprit donc la cure de ce malade en utilisant ces mêmes subterfuges qu'il entendait dénoncer peu de temps auparavant et obtint une guérison spectaculaire. Quesalid devint alors un shaman célèbre et reconnu de tous. Quant à la boule de duvet ensanglanté qu'il extrayait à son tour du corps du malade, en utilisant le même subterfuge, il prétendait désormais que c'était bien la maladie, à la différence des charlatans qu'il avait dénoncés et qu'il accusait de faire seulement semblant.

Authentique, certainement en partie, reconstruite, aussi, par les ethnologues qui souhaitaient faire de Quesalid une sorte de rationaliste en révolte – ce qu'il n'était assurément pas ! –, cette histoire a permis à Lévi-Strauss et à des cohortes d'anthropologues après lui de réduire les complexes techniques shamaniques à ce qu'il a appelé, dès 1949, l'« efficacité symbolique ». Pour lui, le shaman est efficace parce qu'il « croit » que l'objet extrait du corps est la maladie. Et même si Quesalid est décrit comme un sceptique, il vit dans une société qui partage cette croyance. Par cette conclusion, Lévi-Strauss coupait court à toute discussion. On a même envie d'ajouter : « Circulez, il n'y a rien à voir ! », ce que disent les agents de police lorsqu'ils souhaitent disperser les badauds – précisément lorsqu'il y a bien des choses à voir…

Discuter de l'efficacité des dispositifs thérapeutiques traditionnels me semble un cul-de-sac. Ce sont les procédures techniques qui sont intéressantes, celles précisément que Lévi-Strauss range dans un grand fourre-tout appelé « efficacité symbolique ». Avant de balayer tout cela d'un revers de main, il convient de se demander : « Extraire des cailloux, des tessons de bouteille, des clous rouillés ou une boulette de duvet ensanglanté... Est-ce que je saurais le faire ? »... Non seulement le faire, mais agir avec sérieux, sans l'idée de tromper le malade... Qui, parmi les commentateurs des techniques thérapeutiques, ethnologues, psychologues ou psychiatres, s'y est essayé ? Mon ami Patrick Deshayes, peut-être, élève de Robert Jaulin, anthropologue et cinéaste, qui a si longtemps travaillé avec les Indiens kachinawas, si bien pénétré leur système de soins[6]...

Serais-je capable d'utiliser de tels objets ?

Il y a quelque chose de spécifique à toutes ces thérapies qui, du fait même de leur procédure, enchantent les objets. Les cailloux que nous a exhibés le pasteur de Sarah

6 – Voir Patrick Deshayes, *Les Mots, les images et leurs maladies*, Paris, Loris Talmart, 2000.

ne seraient rien que des déchets que l'on enverrait sur le bord de la route d'un coup de pied négligent s'il n'y avait la parole qui les accompagne : « Ils sont tous sortis de la même personne… » Du coup, ces cailloux ne sont plus de simples morceaux de pierre. Introduits dans la personne, peut-être par la vertu d'une action maléfique, ils agissaient pour le compte du sorcier, du « malfaiteur », comme on dit au Burkina, c'est-à-dire de celui qui fabrique des sorts, des maléfices. Ces objets la rendaient malade jusqu'à céder aux exigences du sorcier, de l'esprit qui voulait la soumettre. Alors, ces cailloux doivent être considérés comme des sortes de petits robots télécommandés, des drones agissant à distance.

Comment ces choses, constituées de matière vulgaire, peuvent-elles acquérir de telles capacités ? À observer les rituels thérapeutiques partout dans le monde, la maîtrise de telles « choses » se retrouve partout. Par quels mots les qualifier ?

« Chose » est incontestablement le mot correct, du latin *causa*, « ce qui cause », « qui est à l'origine des mouvements du monde ».

Alors voici la question, une question qui pourrait sembler surréaliste, pourtant inhérente aux systèmes thérapeutiques : est-il possible d'animer des choses, de les doter d'une vie autonome ? Est-il possible d'enchanter des objets, des cailloux, mais aussi des objets de culte, des statuettes ? Quelle est la fonction de ce type d'objets dans l'espace thérapeutique ?

Et une question supplémentaire, inévitable, serais-je capable d'utiliser de tels objets à mon tour ?

Pour apporter des éléments de réponse, je m'en vais explorer la mythologie et quelques données anthropologiques avant de revenir à la clinique.

La légende du golem

Le golem est un être fait de glaise, de forme grossièrement humaine, façonné par un sage, un rabbin, qui serait parvenu à lui donner vie, à l'animer. Le golem, cette « chose » de glaise, serait devenu vivant par l'art d'un savant… Est-ce seulement possible ?

Il s'agit bien sûr d'une légende, et elle est totalement imaginaire – toutes ne le sont pas ! Étrangement, elle se révélera vraie, du point de vue philosophique, au moins. Et comme il faut bien la prendre par un bout, je commencerai par une scène, celle-ci, sans doute en partie véridique. Elle se déroule le 23 février 1592. Un vieil homme, grand, maigre, sec, le corps enveloppé d'un long manteau noir, gravit avec appréhension la route qui mène au château de l'empereur, à Prague. C'est un rabbin, un sage, aussi, qui guide sa communauté avec fermeté. Il s'appelle Yehuda Loew ben Bezalel. Mais comme tous ceux qui créent une pensée nouvelle dans le judaïsme, la tradition lui a assigné un acronyme en décomposant la formule par laquelle on le désignait en son temps :

« Notre maître le rav Loew » qui se dit en hébreu : *Moreinou ha rav Loew*, en abrégé *Maharal*, le « Maharal de Prague ». Il est accompagné de trois autres rabbins : le gaon rabbi Sinaï, son frère, le rav Isaac Weisel, un notable de la communauté de Prague, et le rabbin Isaac Cohen, son gendre et disciple.

Pourquoi l'empereur a-t-il convoqué le vieux rabbi au palais ? Va-t-il lui signifier une demande de rançon ? Ou bien, pire encore, va-t-il lui faire part de l'ordre d'expulsion de la communauté juive de Prague ? Le Maharal sait pourtant que Rodolphe II n'est pas hostile aux Juifs ; il a même entendu dire qu'il nourrissait une estime particulière pour lui, le vieux sage. Mais tout peut arriver, au gré des revers de fortune des puissants ou de leurs obligations d'alliance. Ce rendez-vous ne présageait rien de bon…

Étrange Rodolphe II dont l'empire se disloquait par pans entiers. Ce petit-fils de Charles Quint, pourtant prince de sang royal, s'est révélé inapte à l'exercice du pouvoir. Cet homme qui aimait la lecture et la philosophie se passionnait aussi pour les sciences et les arts nouveaux qui explosaient en ce siècle. Il avait installé dans son château un « cabinet de curiosités », sorte de musée, d'une richesse exceptionnelle et un « cabinet secret », où il explorait les techniques ésotériques. Il avait réuni dans des chambres situées dans les caves une impressionnante collection d'objets magiques. Il avait compris que la magie se trouve dans les « choses » et non dans les personnes. Salle des chimères avec des animaux insensés conservés dans des bocaux, cailles à trois pattes, pigeons à deux têtes, lièvres impossibles, et des dragons, des licornes... Salle de divination avec toutes sortes d'objets servant à prédire l'avenir, et en particulier des cartes à jouer... Salle des abominations, pleine d'instruments de torture... Et le long du château, dans la « ruelle d'or », d'autres salles cachées : une salle des automates, une autre, dite « des offrandes ».

Collectionneur exceptionnel, passionné par l'étrange, il classait ces objets par catégories sur des étagères. On le disait dérangé. Un homme extravagant, sans doute, mais au goût artistique très sûr, qui avait réuni trois mille tableaux des plus grands peintres, Michel-Ange, Léonard de Vinci, Raphaël, Dürer, Titien, Tintoret, Véronèse, Rubens...

Et pour discuter, Rodolphe II invitait les beaux esprits de son temps : Tycho Brahé, l'astronome, mathématicien impérial de la cour, qui s'astreignait aux observations les plus précises à l'aide de ses merveilleuses lunettes, auxquelles il accordait une attention maniaque. Ses observations de la supernova de 1575 lui avaient permis de remettre en cause les principes aristotéliciens que l'on pensait intangibles.

Tycho Brahé était souvent accompagné de son assistant, Johanes Kepler, qui établira les lois mathématiques

Statue de Giordano Bruno,
Campo de' Fiori à Rome,
avec son inscription : « À Bruno,
le siècle qu'il a deviné,
ici même, là où le bûcher
a brûlé. »

organisant le mouvement des planètes – des lois qui portent encore son nom.

Et ce soir de février 1592, ils sont tous là, ces grands esprits, le philosophe Giordano Bruno, qui sera brûlé à Rome au Campo de' Fiori en raison de son refus de renoncer à sa liberté de pensée, l'alchimiste John Dee, le peintre Giuseppe Arcimboldo, célèbre pour ses portraits caricaturaux formés de fruits et de légumes, Tycho Brahé, le physicien Johanes Kepler, tous là pour accueillir le Maharal, le vieux rabbi ombrageux.

En tout cas, la rencontre de l'empereur et du rabbin a véritablement eu lieu, sans doute à cette date du 23 février 1592, rapportée par son gendre, le rabbin Isaac Cohen. Mais le contenu de leur discussion, à laquelle ont assisté les trois compères du Maharal, est resté secret. Connaissant les intérêts de Rodolphe II pour l'alchimie, la philosophie et les phénomènes étranges, connaissant par ailleurs les compétences du Maharal en matière de kabbale, on peut imaginer le thème de leur discussion : *le secret de la vie*.

Rodolphe a probablement demandé au Maharal s'il était possible de fabriquer la vie, tout comme Dieu l'avait fait aux débuts des temps… Peut-être lui a-t-il suggéré d'animer un automate, ou une poupée… Qui sait ?

C'est, à mon sens, la source historique de la légende du golem.

Accusations d'assassinats sacrificiels

L'histoire se déroule à Prague à la fin du xvie siècle. En ces temps, les Juifs d'Europe étaient persécutés, spoliés, enfermés, battus, condamnés pour hérésie ou pour sorcellerie, quelquefois brûlés en place publique et, très souvent, expulsés. La chrétienté, aux abois sous les coups de boutoir d'un Islam toujours conquérant[7], voulait se débarrasser de ses racines juives, s'imposer seul peuple de Dieu. Les Juifs avaient été chassés de France à cinq reprises, en 1182, 1306, 1321, 1394, 1490, d'Angleterre en 1290, d'Allemagne en 1348, 1510, 1551, d'Autriche en 1421, de Lituanie en 1445 et 1495, d'Espagne et de Sicile en 1492, du Portugal en 1497, de Naples en 1541... Lorsqu'ils étaient acceptés quelque part, ils tremblaient à l'idée d'être chassés à nouveau.

L'un des motifs qui leur valait les violences des populations, les pogromes et les expulsions était la folle accusation de crimes rituels. Les violences antisémites se déroulaient

7 – Jusqu'au siège de Vienne par les armées de Soliman en 1529.

souvent dans les jours qui précédaient la fête de Pâque, à cause des rumeurs selon lesquelles les Juifs avaient besoin, pour confectionner leur pain azyme, de mêler le sang d'un enfant chrétien à leur farine. Une fois de plus, donc, les Juifs de Prague étaient accusés de cela, de l'assassinat sacrificiel d'un enfant chrétien. Un enfant avait disparu. Plusieurs notables juifs étaient enfermés, sur le point d'être jugés. Ils allaient certainement être condamnés et brûlés en place publique.

Le chef de la communauté, le pieux, le sage rabbi Loew, le fameux Maharal, s'est alors mis à prier Dieu, frénétiquement, jour et nuit, l'implorant de lui indiquer une solution. Et Dieu lui a répondu… en rêve ! Voilà ! Il allait fabriquer un golem, un artefact d'humain fait de terre auquel il insufflerait la vie, et ce golem, monstrueusement puissant, rétablirait vérité et justice pour son peuple.

Il nous faut d'abord comprendre le mot « golem ». En hébreu, ce mot rare signifie « embryon », « être à la forme inachevée ». Si on parcourt les textes religieux, on ne trouve ce mot qu'une seule fois, dans le psaume 139, au verset 16, où le psalmiste s'adresse à Dieu :

« Quand je n'étais qu'un golem, quand je n'étais qu'une masse informe, tes yeux me voyaient déjà et sur ton livre se

trouvaient inscrits tous les jours qui m'étaient réservés avant qu'un seul fût éclos. »

Golem signifie donc « fœtus », pour autant que sa forme n'est pas encore définie. Cependant, le verbe *galam*, dont pourrait être tiré le substantif « golem », signifie « envelopper », et un autre mot, très proche, *gelom*, « vêtement »... Peut-être, et c'est l'hypothèse que je privilégierais, « golem » pourrait-il signifier « placenta » – cette masse informe dont est tirée notre vitalité[8] – plutôt que « fœtus » ? Ou bien le mot renvoie-t-il simplement à l'argile avant que Dieu n'ait commencé à façonner Adam, la matière brute dont il a été tiré ?... À moins encore que le mot ne soit dérivé du grec *algama*, « statue », hypothèse qui nous entraîne alors dans d'autres considérations, faisant du golem une exploitation de la veine polythéiste sous-jacente, refoulée par le monothéisme rabbinique.

Quelle que soit l'hypothèse retenue, l'histoire et la sémantique nous mettent d'emblée sur la piste d'objets animés de manière mystique.

---

8 – En hébreu, les mots *Galmi raou 'einekha...* signifient littéralement « en Golem, tes yeux me voyaient déjà... ». On verra plus loin pourquoi le placenta est une meilleure hypothèse que l'embryon, l'habituelle traduction du mot *golem*.

Voici donc le fait mythique auquel fait référence la discussion avec l'empereur Rodolphe II et la question sans doute posée au Maharal : insuffler la vie à de la matière inanimée, est-ce possible ? Est-il possible de donner vie à une statue d'argile grossièrement confectionnée, un gigantesque embryon, un golem ?

Oui, c'est possible, aurait répondu le vieux rabbin, du moins selon la légende, à condition de détenir le nom de Dieu !

Provoquer les manifestations de Dieu

Faire des prodiges à l'aide du nom de Dieu, c'est ce qu'enseigne la kabbale au moins depuis le XIIe siècle avec la circulation du *Sepher Ha Bahir* (*Le Livre de la Clarté*), dans les écoles talmudiques de Rhénanie, de Catalogne et du Languedoc. C'est là, dans ce livre dont on ne connaît pas l'auteur avec certitude, qu'on trouve pour la première fois l'analyse des manifestations de Dieu sur Terre et surtout la façon de les provoquer. Là, il ne s'agit plus seulement de l'honorer, de le louer ou de le bénir, comme le font les croyants dans leurs prières, mais aussi de rechercher les secrets qui permettent de l'inviter, de l'interroger, voire de le pousser à agir… La kabbale, comme l'a longuement illustré Moshé Idel[9], est avant tout une théurgie, une tentative d'atteindre la perfection pour exercer une influence sur Dieu. Et la clé ouvrant les possibilités de l'inviter, de provoquer ses manifestations, c'est précisément son nom, le nom de Dieu !

Mais en voilà une histoire ! On le connaît, son nom, puisqu'il se nomme lui-même, à Moïse, dans Exode, 3.

Laissant son peuple dans la vallée, Moïse était monté sur le mont Horeb pour recevoir la Torah, la « loi ». Il s'était attardé. Il redoutait maintenant son retour au campement, se demandant comment l'accueilleraient ces centaines de milliers d'esclaves libérés du joug égyptien, ce peuple fruste et violent, endurci par des siècles d'esclavage. C'est alors que Moïse a demandé à Dieu :

« Je vais revenir vers les enfants d'Israël. Je leur dirai que le dieu de vos pères m'a envoyé vers vous. Ils me demanderont : "Quel est son nom ?" Que leur dirai-je alors ? »

Et Dieu répond à Moïse :

« "Je suis celui qui est." C'est cela que tu répondras aux enfants d'Israël. "Je suis" m'a envoyé vers vous. »

Exode, 3, 13-14

---

9 – Moshé Idel, *Messianisme et mystique*, Paris, Le Cerf, 1994.

En hébreu : *Ehyeh asher ehyeh*, que j'ai traduit par « Je suis celui qui est[10]. »

Cet étrange énoncé, qui semble révéler tout en imposant le secret, a contaminé la façon d'écrire son nom en quatre lettres. On peut lire, dans la Torah, au paragraphe suivant :

> *« Tu diras aux enfants d'Israël : YHVH, l'Élohim de vos pères, d'Abraham, d'Isaac et de Jacob, m'a envoyé vers vous. YHVH est mon nom à jamais et c'est le souvenir que vous en garderez de génération en génération. »*
>
> Exode, 3, 15

Et ce tétragramme, « YHVH », est manifestement une déclinaison du verbe « être ». Décidément, ces grands dieux patriarcaux ont de ces coquetteries ! Zeus s'appelle « dieu », c'est même l'origine de notre mot « dieu », après être passé

10 – Que l'on pourrait aussi traduire : « Je suis celui que je serai » ou encore « Je suis celui que je suis », du fait que le verbe « être », du reste très peu utilisé en hébreu, a la même forme au présent et au futur. J'ai choisi cette traduction car elle fait ressortir le sens immédiat. Il est double : 1) *Je suis celui qui est…* à la différence de vous autres, humains, qui ne pouvez être que ce que l'on fait de vous… telle est la première signification de cet énoncé, la complétude de son être. La seconde est apophatique, c'est une dérobade. « Vous ne connaîtrez jamais le nom de Dieu. Il restera un mystère à jamais pour vous. Alors si on vous demande qui est votre Dieu, vous n'avez qu'à répondre : "Notre dieu ? C'est celui qui ne souhaite pas révéler son nom." »

par le latin *deus* ; Allah, pourrait se confondre avec *Al Lah*, qui signifie « le dieu » en arabe et le dieu juif s'appelle « l'être là » ou quelque chose d'approchant. Car tous ces noms sont de faux noms, évidemment !

Le message que Dieu adresse à Moïse est maintenant plus clair. Le tétragramme (YHVH) sera la convention pour le nommer alors que son véritable nom restera caché à jamais.

De plus, on ne sait pas prononcer le tétragramme, ce mot « YHVH », puisqu'on n'en connaît que les consonnes. Le *Jéhovah* de certaines bibles protestantes est aussi fantaisiste que le *Yahvé* des bibles chrétiennes les plus courantes[11]. En fait, pour le croyant juif, la prononciation du tétragramme est frappée d'interdit. Dans la prière, ou durant la lecture de la Torah, le croyant ne le prononce jamais. Lorsqu'il le rencontre – ce qui est très fréquent puisqu'il figure plus de cinq mille fois dans le texte – il le remplace par le mot *Adonaï*, qui veut dire « Mon Seigneur ». Étrange gymnastique mentale imposée au croyant, qui ne doit pas lire ce qu'il voit.

---

11 – Le professeur Thomas Römer argumente, quant à lui, de manière assez convaincante, je dois dire, que le tétragramme devrait se lire : *Yahou*. Thomas Römer, *L'Invention de Dieu*, Paris, Seuil, 2014.

Le « nom caché » de Dieu

Quel est alors le véritable nom de Dieu ?

Depuis au moins le IIe siècle de notre ère, talmudistes d'abord, kabbalistes ensuite, se sont échinés à la recherche de ce qu'on appelle *shem hameforash*, le « nom caché » de Dieu. D'après les textes ésotériques, il serait composé de quarante-deux lettres selon certains, de soixante-douze selon d'autres. Certains kabbalistes sont réputés l'avoir détenu, tel Yisraël ben Eliezer que, dans la tradition, on appelle le Baal Shem Tov, ce qui signifie précisément le « maître du bon nom »[12].

Est-il possible de donner vie à une statue d'argile grossièrement confectionnée, un gigantesque embryon, un golem ?

Dans toutes les versions de la légende du golem, on affirme donc que le Maharal de Prague détenait lui aussi ce nom complet de Dieu. C'est donc ce nom qu'il aurait

---

12 – Né en Ukraine en 1698, le Baal Shem Tov est considéré comme le fondateur du mouvement hassidique – ce mouvement qui a marqué la revanche de la foi populaire contre l'aristocratie des savants talmudistes, des virtuoses du texte. On lui attribue par exemple cet aphorisme critiquant les opposants au hassidisme, les *mitnagdim* : « Un homme qui est tellement pris par l'étude, comment peut-il trouver le temps de penser à Dieu ? »

C'est possible
de donner vie
à de la matière
inanimée,
à condition
de détenir le nom
de Dieu !

soit introduit, inscrit sur un morceau de papier, sous la langue de la créature de glaise, soit gravé dans la masse de son front.

Voilà ! Nous tenons notre réponse, du moins au regard de la légende du golem. Pour animer des objets de matière inerte, il faut y introduire une formule complexe, dite « Le nom de Dieu » et faite d'un long assemblage de soixante-douze lettres.

Mais à y regarder de plus près, le golem n'est, dans la tradition juive, qu'une sorte d'exercice de style, une démonstration de la capacité des rabbins kabbalistes à maîtriser la création *ex nihilo*, celle-là même qu'on prête à Dieu. Car, on l'a compris, le démiurge, ici le Maharal, agit à l'image du créateur, se substituant à lui dans l'acte de création. Car le premier des golems est incontestablement Adam, pétri des mains de Dieu dans un amas de terre informe.

Le golem devient vite immense et nanti d'une force colossale. Mais, incapable de langage, dépourvu de pensée autonome, il ne peut que se conformer aux ordres de son créateur. Il ne faut pas laisser traîner une telle créature. Une fois sa tâche accomplie, celle de rétablir la justice, le golem devra être détruit. On peut imaginer tous les développements littéraires qu'on retrouve du reste dans les différentes versions de la légende et dans ses innombrables copies modernes, parmi lesquelles, la plus célèbre, sans doute, la créature du docteur Frankenstein.

Ce n'est pas seulement dans sa légende que la naissance du golem est mystérieuse, c'est aussi dans sa réalité littéraire. Car si l'on ne sait pas ce que le Maharal de Prague a répondu à l'empereur Rodolphe II, il est peu probable qu'un tel passionné de sciences nouvelles se soit jamais livré à ce genre d'exercice. Du reste l'événement n'est jamais mentionné de son vivant, ni même durant le siècle qui a suivi sa mort. Ce n'est que bien plus tard que surgira la légende.

Selon les historiens de la littérature, les premières versions achevées de la légende datent du début du XIXe siècle, en Allemagne. Mais c'est sans doute Yudel Rosenberg, un rabbin polonais émigré au Canada, qui a su lui donner sa forme achevée, telle qu'on la connaît aujourd'hui.

En 1909, Yudl Rosenberg a fait paraître, en hébreu, une série de récits imbriqués, sous le titre *Les Actes merveilleux du Maharal*[13], dans lesquels il développait les circonstances de la naissance du golem. Au début de son livre, il se présentait comme le traducteur d'un manuscrit vieux de trois cents ans découvert par hasard dans la bibliothèque d'une synagogue

---

13 – Il existe une traduction anglaise publiée en 2007: Yudl Rosenberg, *The Golem and the Wondrous Deeds of the Maharal of Prague*, trad. Curt Leviant, New Haven, Yale University Press, 2007.

à Metz. L'homme, un véritable érudit, était si respecté, il avait de plus si bien repris le style des textes de l'époque, qu'on a longtemps cru qu'il s'agissait d'un mémoire authentique. Dès lors, le golem était devenu une figure quasi historique, permettant à de multiples écrivains de s'en emparer. C'est ainsi que Gustav Meyrink, un passionné de littérature ésotérique, publiera son premier roman, *Le Golem*, en 1915 à Vienne. Ce roman eut un succès fulgurant et se vendit à plusieurs centaines de milliers d'exemplaires. La machine était lancée. Elle produira une infinité d'avatars.

Remettre en cause la pensée commune

Il est étrange qu'une légende, dont l'origine est une sorte de canular littéraire imaginé par un rabbin érudit, ait compris tant la logique de l'activation des objets inertes (théorie du golem) que les enjeux ayant présidé à la naissance de la modernité à la toute fin de la Renaissance (la passion pour la création de la vie).

C'est en me saisissant de cette obsession pour ces deux lignes de pensée, à la fois très anciennes, comme on l'a vu, et très modernes si l'on songe à la robotique, que j'ai commencé à réfléchir à la façon d'appréhender ces systèmes thérapeutiques si répandus dans les mondes traditionnels, dans lesquels on charge les objets d'accomplir le travail thérapeutique à la place du thérapeute.

Mais quelle mouche m'a piqué ? Tout le monde pense, sans doute depuis les Lumières, qu'attribuer une vie autonome à un objet relève d'une pensée archaïque, animiste. Et voilà que je décide d'aller creuser là, d'examiner les prémisses de cette pensée, d'en explorer les applications pratiques.

J'ai toujours été ainsi. C'est une face de mon caractère qui m'a souvent joué des tours. Si la majorité s'accorde sur une pensée, c'est précisément là que j'irai chercher, fouiller, défricher, expérimenter, jusqu'à trouver une piste, une idée qui remet en cause la pensée commune. C'est pour cette raison qu'on m'a parfois traité de provocateur. Rien n'est plus faux ! Je ne cherche en rien à provoquer, je suis seulement mû par une sorte de tropisme qui m'indique que là où tout le monde pense la même chose, il faut creuser. Il y a certainement quelque chose à trouver !

Les fétiches

Boli, le placenta des événements

Encore une histoire biblique pour commencer : selon la Torah, Moïse était monté sur le Sinaï pour recevoir la Loi. Le peuple s'impatientait. Pensant avoir perdu leur prophète et leur dieu, les chefs de clan exigèrent d'Aaron, le frère de Moïse, le grand prêtre, qu'il fabriquât un nouveau dieu qui « marcherait devant eux »[1]. Et là survient une séquence incompréhensible. Aaron, celui qui connaissait sans doute le mieux les exigences de Dieu, s'est tout de même exécuté. Malgré les interdictions divines, il a fabriqué une idole. Et voilà comment il s'y est pris. Il a demandé aux représentants du peuple de lui apporter les anneaux d'or qui pendaient aux oreilles de leurs femmes et de leurs enfants. Il a ensuite fondu les bijoux et, avec

---

1 – *Qum 'assé lanou elohim*…, en traduction littérale, « Lève-toi, fabrique pour nous des dieux (Dieu) », Exode, 32, 2.

la matière obtenue, a façonné un dieu – et c'était un veau d'or[2].

Si l'on en croit le texte biblique, un dieu peut donc être *fabriqué*, puisque c'est bien ce qu'a accompli ce spécialiste entre tous qu'est Aaron, le grand prêtre. Nous avons même ici quelques indications sur les façons de faire : manifestement, le dieu doit être constitué de substances provenant de chacune des personnes de la communauté (ici, l'or des anneaux), et nous apprenons aussi que cette divinité est un bovidé.

Héritiers lointains de ce texte juif, qui fut ensuite repris par les chrétiens, puis encore dans le Coran, nous autres, modernes, avons pris l'habitude de dénigrer ceux que l'on considère toujours avec condescendance comme de vulgaires fabricants de quincaillerie sacrée. Du coup, nous n'avons jamais compris l'intérêt passionné, fait de respect et de crainte, que les peuples « éloignés » éprouvent pour leurs fétiches, ces « choses-dieux[3] » qu'ils ont fabriquées et qu'ils adorent. Il faut les voir et les toucher, ces objets

---

2 – Dans le texte : *Vaya'sséahou 'égel maséva*, « Il en fit un veau de métal (fondu) », Exode, 32, 5.

3 – Selon l'heureuse expression de Jean Bazin. Jean Bazin, « Retour aux choses-dieux », dans Charles Malamoud et Jean-Pierre Vernant (dir.), *Corps des dieux*, Paris, Gallimard, 1986, p. 253-273.

composites, faits de toutes sortes de matières, auxquels les peuples « donnent vie », qu'ils entretiennent avec dévotion et qu'ils « nourrissent ». Ce sont ces mêmes choses auxquelles ils demandent aide, protection et connaissance du destin.

Pire encore, nous ne savons nommer les « choses-dieux » sans les dénigrer. Nous les appelons « idoles », et nous condamnons les « idolâtres » ; nous les appelons « fétiches » et nous nous moquons des « féticheurs », allant parfois jusqu'à les traiter de « pervers fétichistes ».

Et d'où vient ce mot, « fétiche », par lequel on les désigne ? Du portugais *fetizo*, qui signifie non seulement « artefact », « objet manufacturé », mais aussi « objet enchanté » et, par là même, nous dit le *Littré*, « vénéré ». Le mot serait passé dans la langue française courante dès le XVIe siècle, porté par les marins qui désignaient ainsi les « objets magiques » des Africains. C'est dans l'étonnant ouvrage de Charles de Brosses, *Du culte des dieux fétiches*, qu'on voit développer sa signification moderne. C'est lui qui a décrit la dévotion aux fétiches comme une forme primitive de religion. On trouve dans ce livre cette anecdote, sans doute apocryphe, qui courut longtemps dans les premiers textes ethnographiques. Les Portugais, découvrant de tels objets fétiches sur les côtes de ce pays que de Brosses appelle « Nigritie » (golfe de Guinée ? Estuaire du fleuve Congo ?), les ont appelés « fétiches », qui, en portugais, signifie aussi «factice». «Comment pouvez-vous penser que ce sont des dieux, auraient-ils demandé aux Africains, si vous les avez vous-mêmes fabriqués? Vos dieux sont *factices*[4]. »

Comme s'il était évident, que, conformément au récit biblique du Veau d'or, l'artefact ne pouvait être que factice, qu'il ne pouvait contenir aucune sacralité véritable. Et pourtant, les fétiches africains sont «dieux» précisément d'avoir été «fabriqués»! C'est cet apparent paradoxe qu'il faut démonter, analyser, comprendre.

Fascination des surréalistes

Je conserve le mot «fétiche», tant pour l'histoire qu'il condense que pour sa capacité à résister aux dérisions et

---

4 – Charles de Brosses, *Du culte des dieux fétiches, ou Parallèle de l'ancienne religion de l'Égypte avec la religion actuelle de Nigritie*, Genève, 1760. Cette séquence dans laquelle les Portugais tentent de confondre les Africains fait sans doute référence à l'épisode biblique dans lequel le prophète Daniel démasque le subterfuge des prêtres du dieu Bel pour faire croire que la divinité est vivante et qu'elle se nourrit effectivement des offrandes des fidèles. Lui aussi convainc le roi que cette divinité de pierre est factice et obtient sa destruction (Daniel, 14, 23-30).

aux tentatives de démystification[5]. Car les modernes ont beau se moquer de ces objets et de la prétendue crédulité des peuples qui les honorent, ils organisent quelquefois de véritables razzias pour les voler…

C'est un tel fétiche que, le 7 septembre 1931, Michel Leiris et Marcel Griaule ont dérobé dans la case du *kono* à Dyabougou, lors de la célèbre mission Dakar-Djibouti[6]. De la taille et du poids d'un «cochon de lait», il s'agit d'une «chose-dieu» de la société secrète bambara appelée *kono*, par la vertu de laquelle les initiés protègent le peuple des agressions et favorisent la fécondité des terres et des femmes.

---

5 – Jean Pouillon, *Fétiches sans fétichisme*, Paris, François Maspero, 1975. Voir les remarques de Jean-Paul Colleyn: «Nous pouvons bien regretter aujourd'hui que des notions comme *magie*, *animisme*, *fétichisme*, *mythologie* aient longtemps servi à dénigrer des religions considérées comme inférieures et situées à l'aube de l'humanité, nous n'avons pas réussi à construire des concepts qui puissent avantageusement les remplacer.» Jean-Paul Colleyn, «L'alliance, le dieu, l'objet», *L'Homme*, n° 170, 2004, p. 61-77.

6 – Mission très officielle commandée par l'État, qui s'est déroulée de 1931 à 1933, partant de Dakar, passant par Kayes, Bamako et Tombouctou (Mali), par Niamey (Niger), le lac Tchad, Bangui, Khartoum (Soudan), Addis-Abeba (Éthiopie) pour finir à Djibouti. Son objet était de compléter les collections du futur musée de l'Homme et d'exposer les réalisations culturelles des peuples de l'empire colonial français.

Voici, selon le propre aveu de Leiris, comment s'est déroulé le larcin :

« Avant de quitter Dyabougou, visite du village et enlèvement d'un deuxième kono, *que Griaule a repéré en s'introduisant subrepticement dans la case réservée... De son couteau de chasse, Lutten détache le masque... et me donne aussi, sur ma demande – car il s'agit d'une des formes bizarres qui hier nous avait fort intrigués – une sorte de cochon de lait, toujours en nougat brun (c'est-à-dire du sang coagulé) qui pèse au moins 15 kilos et que j'emballe avec le masque. Le tout est rapidement sorti du village et nous regagnons les voitures par les champs*[7]. »

Cet étrange objet deviendra vite célèbre sous le regard des surréalistes. Exposé au musée de l'Homme, il verra défiler la fine fleur de l'intelligentsia parisienne, s'étonnant de son originalité et de la virtuosité technique que requiert sa fabrication.

Curieux retournement de l'histoire, né dans une petite case de l'arrière-pays malien, après ceux de la France il connaîtra les honneurs de la globalisation. Il sera exposé à New York au début des années 1980 comme l'un des cent

---

7 – Michel Leiris, *L'Afrique fantôme* (1934), dans *Miroir de l'Afrique*, Gallimard, coll. « Quarto », 1996, p. 195.

chefs-d'œuvre du musée de l'Homme. Après avoir présidé durant quelques décennies, dans un petit village malien, à l'initiation des jeunes gens, il est parti fasciner en Occident des millions de visiteurs venus l'admirer.

Mais pour les Bambaras, cette « chose » n'est pas une œuvre d'art, quoiqu'elle nécessite pour sa fabrication le travail de véritables artistes. C'est un objet d'usage, indispensable à la survie de la communauté villageoise, à mi-chemin entre un ustensile et un monument. De plus, sa nature est particulière. C'est à la fois une divinité et un être vivant qui réclame nourriture et affection. Les Bambaras nomment cette chose *boli*, ce qu'on pourrait à la rigueur traduire par « fétiche », si le mot n'avait acquis en français sa charge de dérision ; « dieu » serait préférable, à condition de garder à l'esprit que, comme ce dieu que demande le peuple juif au grand prêtre Aaron, il doit être fabriqué par des hommes, des spécialistes. Il diffère des divinités, par exemple égyptiennes ou grecques, par une autre caractéristique : il est unique. La statue d'Apollon, celle de Déméter ou d'Aphrodite, d'Osiris ou d'Horus, toutes ces statues sont des représentations du dieu, *mais le* boli *n'est pas une représentation, il est le dieu*. C'est une divinité vivante qui n'existe que par sa présence physique. D'ailleurs, il porte un nom, un nom propre, tout comme un être humain, et c'est seulement le sien.

Le *boli* dérobé par Michel Leiris et Marcel Griaule en 1931 dans une case d'un village malien, lors de l'expédition Dakar-Djibouti. L'objet figure aujourd'hui dans les collections du musée du quai Branly.

De couleur brune, brillante du sang et des substances coagulées, les *boli* de la catégorie de celui qui fut dérobé à Dyabougou ont tous la forme d'une vache africaine, avec sa bosse caractéristique, une vache dont le bas des pattes serait enfoncé dans l'eau. Ces objets ont été radiographiés par des chercheurs et soumis à des analyses chimiques. On sait qu'ils sont constitués d'un noyau dur, en bois, parfois en métal, ou même en or, sur lequel est montée une légère structure en brindilles qui leur donne forme. Mais leur substance, leur chair, est faite, comme celle du golem, de boue séchée, à laquelle ont été ajoutés au fil des ans, à l'occasion de sacrifices, des œufs, des noix de cola mâchées puis recrachées, du sang d'animaux, du miel, de la bière de mil, de la bouse de vache… On y trouve aussi des fragments d'os, de griffes, de plumes, de crocs d'animaux sauvages, de minerais bruts de fer, des morceaux de termitière, et des substances humaines, peaux et os d'ancêtres[8], de l'urine et aussi du sperme…

Une fois fabriqué et installé dans une case, le *boli* est confié à un « maître », un « savant » qui se dévoue à lui. On dit que le maître du *boli*, qu'on appelle *bolitigi* en bambara,

---

8 – Jean Bazin, « Retour aux choses-dieux », dans Jean-Pierre Vernant et Charles Malamoud (dir.), *Corps des dieux*, *op. cit.*

a « épousé le *boli* ». Le *bolitigi* veillera à ce qu'il reçoive régulièrement les sacrifices qui lui sont dus, mais aussi des substances humaines, et cela durant des générations. C'est pourquoi chaque *boli* est unique. Il n'en existe pas deux constitués des mêmes ingrédients. Il est fait d'une multitude d'éléments, assemblés, condensés, compressés, unifiés… et de cela, de cet amalgame, il émerge, unique, avec un nom, comme je l'ai dit, des caractéristiques et une force spécifiques. C'est une puissance.

S'il est correctement fabriqué, un *boli*, entretenu, « nourri », c'est-à-dire recevant régulièrement prières, danses et sacrifices, est réputé *vivant* et *actif*. Des récits de prodiges accompagnent souvent la vie des *boli*, racontant comment l'un a rendu le village invisible aux ennemis venus l'anéantir et qui seraient passés à quelques pas sans le voir, comment l'autre a démasqué un imposteur qui avait l'intention de détourner sa puissance à son seul bénéfice…, autant d'histoires qui feront partie, avec tant d'autres, de l'être même du fétiche.

Le placenta comme « logiciel » de l'être

Youssouf Tata Cissé, anthropologue malien, lui-même membre d'une « société de chasseurs[9] », a recueilli auprès des maîtres de la tradition les concepts qui président à la fabrication du *boli*. Le nom par lequel on le désigne en bambara, ce mot *boli* signifie « placenta ». Peut-être faudrait-il le comprendre ainsi : dans l'utérus, l'être humain, d'abord œuf, devient poisson, puis batracien, puis petit homme à grosse tête. À sa naissance, une fois détaché de son placenta, sa forme se fixe – ce sera un être humain. Libéré du ventre de sa mère, il continuera à grandir mais ne changera plus de forme. Est-ce la raison pour laquelle on enterre le placenta du bébé dans un endroit tenu secret, pour empêcher que celui qui s'en emparerait ne commandât à distance une nouvelle transformation ? Comme s'il était entendu que qui détient le placenta d'un être humain pourrait en transformer la forme à sa guise. Dans une telle conception, le

9 – Les sociétés de chasseurs sont des sociétés initiatiques où il ne s'agit pas seulement de l'apprentissage de la chasse, mais de parfaire la nature de ceux qui en sont membres. Youssouf Tata Cissé, « Les nains et l'origine des *boli* de chasse chez les Malinké », *Systèmes de pensée en Afrique noire*, cahier 8, 1985, p. 13-24, et, bien sûr, du même auteur, *La Confrérie des chasseurs Malinké et Bambara*, Paris, Nouvelles du Sud, 1994.

placenta devrait être perçu comme la logique d'organisation de l'être. C'est la raison pour laquelle j'ai pensé que le mot « golem » pouvait signifier « placenta » plutôt que « fœtus ».

Si le *boli*, cet objet à la forme étrange, agglomérat de substances diverses, est appelé « placenta », c'est qu'on lui suppose la capacité d'être le noyau, l'« essence » des choses du monde, des événements, du destin. Il contient une philosophie intrinsèque. Il est vain de s'agiter en tous sens pour tenter de modifier le monde alors que les humains n'ont accès qu'aux apparences. Pour agir réellement sur le monde, il faut toucher à son essence, son principe dernier : *son placenta*. Youssouf Cissé utilise même une métaphore informatique : pour lui, le placenta serait comme le « logiciel » de l'être. La formule est claire : c'est en traitant le « placenta », le logiciel d'organisation, qu'on peut agir sur l'être.

À l'inverse, si l'on veut créer du vivant à partir de la matière inerte, il faut d'abord fabriquer un placenta, un noyau donc, à la sensibilité exacerbée.

L'observation détaillée des *boli* bambaras nous laisse penser qu'un premier principe préside à leur fabrication : la multiplicité des constituants. C'est en agrégeant une multitude d'éléments hétérogènes autour d'un noyau compact qu'on parvient à donner naissance à un être unique. Agrégation, donc, qui n'est jamais définitive cependant, puisque l'on doit sans cesse la renouveler par l'ajout d'éléments nouveaux. Un dieu ne reste vivant que pour autant qu'on enrichit régulièrement sa substance par de nouveaux ingrédients. Et pour les tenir assemblés, les unifier, on renforce leur coalescence par l'arrosage régulier des *boli* avec le sang des sacrifices…

Si Rodolphe II avait posé la question – celle qu'il a adressée au Maharal, à savoir, comment fabriquer du vivant? – à un *bolitigi* malien, un « maître du *boli* », celui-ci lui aurait répondu : « Trois principes président à la fabrication du vivant : *la multiplicité des éléments* qui le constituent, *leur agrégation*, généralement dans une matière meuble comme la glaise ou la boue, *leur coalescence*, enfin, par l'aspersion régulière de coagulants (sang, œufs, lait…). » Il aurait sans doute ajouté : « Si tu veux le garder en vie, il faut le nourrir, l'entretenir, l'aimer. » Nous verrons plus loin que cette formule ne s'oppose pas à celle des kabbalistes juifs mais la complète.

On peut voir deux magnifiques exemplaires de *boli* makoungoba, au musée du quai Branly, à Paris. On raconte qu'il y en avait un dans le bureau du président Chirac, lorsqu'il était président de la République, juste à côté de la photographie du général de Gaulle.

Une vie avec le fétiche

Burkina Faso, 1998. Nous devions rencontrer un vieux guérisseur très réputé. Partis de Ouagadougou, nous avons longtemps roulé dans cette voiture hors d'âge avant d'arriver dans un petit village au cœur du pays mossi[10]. J'étais accompagné des trois mêmes amis, mon complice Lucien Hounkpatin, Peter David, un chercheur en biologie curieux de tout, et Emmanuelle Ohniguian[11], une jeune cinéaste très douée. Équipée d'une petite caméra, elle tâchait de conserver une trace de notre périple.

Dans la voiture, notre guide nous parlait de lui, de ce vieux qu'on devait rencontrer :

– Vous allez voir le vieux. Vous pourrez facilement échanger avec lui. Il parle bien le français, vous verrez. C'est qu'il

---

10 – Les Mossis constituent le plus important groupe ethnolinguistique du Burkina Faso – plus de 50 % de la population, soit environ 5 millions de personnes.

11 – Devenue depuis une psychologue de qualité.

a fait l'armée française durant des années... C'était il y a longtemps, il faut dire, avant la Seconde Guerre mondiale.

– Avant la guerre ? Il doit être vieux, alors...

– Oh ! il est vieux, vieux..., très vieux ! Voilà longtemps qu'il est établi. Il est devenu un féticheur... Il est très connu, vous savez. Des gens viennent de très loin pour le consulter.

Un tout petit village, d'une cinquantaine de cases. Nous empruntons les ruelles. Nous saluons des enfants qui jouent à l'ombre d'un mur. Au fond d'une petite cour, une case aux murs délavés, qui avaient sans doute connu autrefois un bain de chaux. Une ouverture à peine assez large pour y laisser passer un homme. En guise de porte, une plaque de tôle ondulée est posée contre le mur.

L'homme est sorti pour nous accueillir.

Pour être vieux, il était très vieux. Graine de brousse, il était maigre et sec comme ces arbustes décharnés qui parsemaient les broussailles alentour. Il prétendait être âgé de 103 ans... Un revolver d'ordonnance rouillé par les ans était accroché au mur de sa minuscule case de terre, souvenir de ses années d'armée. Il avait été militaire durant une quinzaine d'années, sans doute en AOF, l'Afrique-Occidentale française, dans ces bataillons qu'on appelait « tirailleurs sénégalais ». Il aurait dû être libéré en 1939 et puis la guerre a été déclarée et on l'a retenu une année supplémentaire, pour faire la guerre, la « drôle de guerre », dans les rangs de l'armée française, jusqu'à l'armistice. En 1940, lorsqu'il a enfin été libéré, il a pu rentrer chez lui, en Haute-Volta, qui ne s'appelait pas encore Burkina Faso.

Il nous a d'abord raconté qu'il avait longtemps fui sa vocation de guérisseur, désertant son village en se portant volontaire dans l'armée française. Ce n'est qu'à son retour du front, en 1940, que les anciens lui ont intimé l'ordre de rentrer s'occuper du fétiche. L'homme qui en avait la charge avant lui était décédé depuis des années. Maintenant, c'était son tour, l'avait-on prévenu. Lui et personne d'autre ; il avait été choisi. Car si les fétiches sont uniques, la personne désignée pour les servir l'est tout autant. Alors, une nouvelle fois, devant le poids des responsabilités, il a pris peur. Il a à nouveau pris la fuite…

Il a erré durant des années loin de son village. Il a tenté de reprendre le métier de danseur qu'il avait un temps pratiqué en France, puis il s'est essayé au commerce, sans plus de succès. Et les échecs se sont répétés, et les maladies aussi, qui venaient lui rappeler la puissance des forces qui l'appelaient. Car lorsqu'on ne cède pas à l'appel des puissances, c'est la maladie qui nous assaille. Il s'est bientôt retrouvé sans ressources, a fini par mendier dans le sable des rues de Ouagadougou. Dénutri, abandonné, sans famille ni amis, il traînait dans les décharges, aux alentours de la gare routière. Un jour, il comprit qu'il ne lui restait plus qu'une solution s'il ne voulait pas mourir dans la rue comme un chien : rentrer au village pour se soumettre aux injonctions des anciens, à l'appel du fétiche.

C'est alors, nous a-t-il raconté, qu'il a fini par l'adopter – ce n'est pas le bon mot, par l'« épouser », plutôt, et par l'installer auprès de lui, ici même, dans cette case où nous l'avons rencontré…

Quand il est rentré au village, cela faisait vingt-sept ans qu'*il* l'attendait.

On aurait pu penser qu'il parlait d'une personne, d'un ami, d'une amie… Et puis il nous l'a montré, le « truc », le « machin »…, le « fétiche », là, tapi dans un coin sombre, à peine perceptible.

Aujourd'hui encore, je ne saurais le décrire précisément. J'y ai souvent pensé, pourtant, j'en ai discuté avec ceux qui m'accompagnaient ce jour-là, avec Peter, avec Emmanuelle. Nos souvenirs restaient flous, aussi flous que les quelques images que nous en avions rapportées. Un tas de terre de la hauteur d'un tabouret, des morceaux de bois, de la ferraille, le tout recouvert de plumes, beaucoup de plumes…

– *Qu'est-ce que c'est ?* lui ai-je naïvement demandé.

Sourire énigmatique.

La partie haute d'un fétiche
faite d'un assemblage
de plumes. C'est lui seul
qui agirait, et non le guérisseur.

– *C'est lui !* me répondit le vieux.

Et il ajouta :

– *Ne vous fiez pas à son apparence tranquille. Lorsque je fais un sacrifice, il me suffit de poser dessus un poulet ou même un agneau et les animaux meurent sur-le-champ. Croyez-moi, je n'ai jamais utilisé de couteau pour les tuer, rien ! Ils meurent comme ça, leur vie aspirée par le fétiche.*

C'est lui, ce fétiche, qui lui indique la présence des êtres, des invisibles et des choses cachées. C'est lui encore qui lui souffle ses ordonnances, la liste des produits, les plantes, les « médicaments » à donner aux malades.

Il se mit à parler en mooré, notre guide traduisait. Il nous dit qu'il accepterait certainement de « regarder » pour nous, si nous le lui demandions.

– *Regarder ?* avons-nous demandé…

Ce à quoi notre guide répondit :

– *Si vous souhaitez qu'il interroge les cauris, alors il vous faudra déposer un billet de 200 francs CFA* [environ 30 centimes d'euro]. *Il va regarder pour vous, il peut voir le problème de chacun, comment vous êtes arrivés jusque-là et comment tout cela va se terminer pour vous.*

Par « regarder », il voulait dire « lire notre destinée ». Petit moment de perplexité, puis mon ami Lucien s'est porté volontaire.

À l'aide d'un vieux gobelet en métal, le vieux lui a versé six coquillages dans la main gauche, six autres dans la main droite. Puis il lui a demandé de poser la main gauche sur la tête d'une statuette, et la droite sur la tête d'une statuette jumelle. Il a alors prononcé une sorte d'incantation qu'il s'efforçait de traduire en français pour nous :

– *Tu viens de loin, depuis la France... Tu es venu jusqu'en Afrique. Ah, tu auras une bonne chance !... Tu seras accompagné par la force..., la force de l'éléphant, de l'hippopotame... et au-dessus de toi, la force du baobab, et celles des montagnes... Tu pourras marcher, marcher..., aller par ici, aller par là... et partout où tu iras, tu rencontreras la baraka..., la force, la chance, la réussite... Lance, maintenant ! Oui, lance !*

Lucien a lancé les cauris qu'il tenait dans les mains, la gauche d'abord, la droite ensuite... Et le vieux a regardé les coquillages presque tous ouverts, c'est-à-dire présentant leur bouche au ciel. Après une brève analyse de leur position, il s'est écrié :

– *Rigolez ! Vous pouvez vous réjouir, tous, là qui vous trouvez réunis ici. Rigolez !* (Puis, à Lucien :) *Regarde comme tu maîtrises tout, tout ! Partout, partout, c'est toi qui tiens les choses. La main droite, la main gauche ; le papa, la maman..., partout, partout... C'est toi !*

D'un doigt, il arrangeait les cauris selon deux axes perpendiculaires. L'axe horizontal était manifestement celui des parents, à gauche la mère, à droite le père. L'axe vertical m'a semblé être celui des maîtres. À son sommet, Dieu, à sa base, lui, le vieux guérisseur… Et il a poursuivi :

– Tu es fort, très fort. Tu es comme une montagne, solide. Personne jamais ne viendra te déranger… Tout ce qui arrivera dans ta vie, tu le tiens dans ta main… Là, c'est bien !

Il continuait à arranger les cauris, à les déplacer, les ouvrir, tout en disant :

– C'est la santé à droite, c'est la santé à gauche, c'est la santé en haut, c'est la santé en bas. C'est bien ! Tu es un garçon. Ta maman t'a porté dans son ventre neuf mois. Compte avec moi.

Il s'est mis à compter les cauris ouverts et il y en avait bien neuf)…

– Un, deux, trois, quatre, cinq, six, sept, huit, neuf. Tu vois ? Elle t'a donné la vie après t'avoir porté neuf mois dans son ventre. Partout, partout où tu iras, tu n'auras jamais honte. Ni toi, ni tes parents, ni tes enfants… Personne d'entre vous n'aura honte. Vous irez partout et toujours vous gagnerez ce dont vous avez besoin. Ta maman a donné ; ton papa se tient derrière toi, ta vie ne sera que réjouissances…

La divination produit ce qu'elle prédit

Après ce moment qui me sembla seulement une introduction, qui tenait plus de la prière ou de la bénédiction que de la divination, le vieux a commencé à parler, au sujet de mon ami Lucien, d'abord, puis de Peter et finalement de moi. Il ne nous avait jamais vus ; nous le connaissions depuis moins d'une demi-heure et voilà qu'il égrenait des vérités.

Tout ce qu'il a dit ce jour-là – paroles parfois sibyllines, parfois limpides –, sur les personnes…, tout s'est ensuite révélé vrai, parfois des années plus tard. Mais n'est-ce pas la destinée de toute divination de produire peu ou prou ce qu'elle avait prédit ? En tout cas, la scène est restée fixée dans nos mémoires, et lorsqu'un événement corroborait les divinations du vieux, elle revenait, intacte devant nos yeux. Dès lors, elle constituait pour nous une sorte de borne, de point fixe auquel nous référer.

Et puis, lorsque le vieil homme a fini de lire notre destin, il se tint devant nous avec quelque fierté, arborant un large sourire. Nous lui avons demandé s'il accepterait de nous expliquer sa façon de travailler. Il s'y est prêté volontiers. Il nous a parlé de lui, de son parcours chaotique jusqu'à ce qu'il prenne le fétiche en charge. Nous l'avons interrogé sur sa technique, sur les objets qu'il utilisait pour ses divinations, pour les soins qu'il prodiguait à certains malades… Nous savions que le service psychiatrique de l'hôpital de Ouagadougou lui adressait régulièrement les malades les plus difficiles et qu'il les hébergeait quelquefois durant des semaines dans sa petite concession.

Il a montré les quelques objets épars, la plupart cachés dans la pénombre.

> – *Regarde, partout, là, là et là…, il y a des défenseurs… La lance que tu vois là* (un vieux javelot en métal rouillé), *le couteau* (un couteau de cuisine à la lame élimée) *et l'arc et les flèches* (on aurait pu penser à un jouet pour enfant plutôt qu'à une arme), *ce petit sac de toile… Tout ça, le javelot, le couteau, les cauris, ce n'est rien ! On croit que c'est quelque chose, mais en vérité, crois-moi, ce n'est rien !* (Il montre alors le fétiche et énonce gravement :) *C'est lui seulement, lui seul qui peut donner. C'est lui seul qui agit !*

Il nous a regardés de ses yeux délavés derrière ses lunettes de guingois, devenues presque opaques avec le temps, et a répété :

– *Vous savez, moi, je ne fais rien…*

Montrant encore le fétiche, il ajouta :

– *C'est lui qui fait tout !*

Il ne serait donc thérapeute que pour autant qu'il s'était mis au service de ce « truc », de cet objet composite, de cet

Le fétiche,
à condition
d'être correctement
interrogé, connaît
l'ordre du monde,
sait le devenir
des personnes.

assemblage improbable, de cette puissance, aussi, susceptible d'absorber la vie d'un animal… Cette « chose », à condition d'être correctement interrogée, connaissait l'ordre du monde, savait le devenir des personnes. Ce fétiche l'avait convoqué là, dans cette case, à l'issue d'un très long périple qui l'avait mené dans les villes, sur les champs de bataille, chez toutes sortes d'étrangers. Il s'était forgé des expériences, avait acquis des connaissances, sur le monde et sur les hommes, mais il avait failli y laisser sa peau. Il a tiré la corde jusqu'au bout mais l'heure venue, dès lors qu'il ne résistait plus, il s'était soumis et avait occupé la place qui lui était assignée.

Qu'était donc ce fétiche qui imposait sa volonté depuis cinquante ans au vieux guérisseur ?

Dans cette minuscule case de terre, nous étions bien une dizaine, entassés : les quatre visiteurs, notre guide et des membres de la famille du vieux… Il y régnait une chaleur d'étuve. Il a parlé durant plus d'une heure et demie et, tout du long, une poule se tenait au garde-à-vous devant lui. Elle ne bronchait pas, ne cillait pas, immobile comme un garde royal devant Buckingham Palace. Et lorsqu'il eut terminé sa séance, lorsqu'il s'est relevé d'un seul mouvement pour nous saluer, la poule s'est ébrouée comme si elle sortait d'un sommeil hypnotique. Et elle est partie picorer deux ou trois grains de mil sur le sable de la cour.

L'immobilité de la poule m'a perturbé, cet animal habituellement si nerveux, si mobile… Qu'est-ce qui la maintenait ainsi aux pieds du vieux comme si elle était son gardien ? C'est la première idée qui m'est venue : un gardien… Ou bien était-elle fascinée par le fétiche habillé de plumes, tout comme elle ? Pendant la séance, je l'ai regardée à plusieurs reprises, droite comme un « i » au pied du guérisseur. À notre retour, j'ai visionné le petit film que nous avons conservé de cette visite chez le vieux. Je l'ai examiné image par image. La poule n'y figure pas.

Chaleur intense, vacillement de la perception, sentiment de trouble à l'écoute de ces récits où les animaux, les hommes, les choses participaient d'une même force, celle du fétiche. Tout ce qui bougeait, qui respirait, qui transpirait dans cette case était aimanté par cet objet indicible à l'abri dans la pénombre.

Et ce vieil homme, vêtu simplement comme un villageois, parlant volontiers de ses expériences passées et de la façon dont il appréhendait sa fonction de serviteur du fétiche, ne manifestait aucune fierté, ne déroulait pas ses succès thérapeutiques comme beaucoup de guérisseurs, en Afrique ou ailleurs. Il était là et c'était tout, heureux que grâce au fétiche, ce *bamogho*, comme il l'appelait en mooré, il puisse prolonger sa vie.

Mais il nous a prévenus : le fétiche ne peut pas tout ! S'il parvient à éviter les maladies, à corriger les malheurs, il ne saurait empêcher la mort :

– Il peut te sauver dans toutes les affaires, mais il ne peut pas te sauver si l'heure de ta mort est venue. Longue vie, il y en a, mais rester sans mourir, ça, tss tss, n'y compte pas ; y en a pas !

Un centenaire à la vitalité de jeune homme

Ce vieux, je dois dire, était un virtuose. Il ne se contentait pas de soigner les Mossis, il savait aussi accueillir des étrangers dont il ne savait rien, comme nous, qui parlions une autre langue, qui venions d'un autre monde[12]. Et il le faisait en toute simplicité. Il n'avait rien d'un gourou ou d'un sorcier. Il se présentait en simple artisan, en serviteur zélé d'un maître puissant.

Il était né chrétien, s'était converti un temps à l'islam. Mais ces questions de religion ne l'intéressaient guère. Il

---

12 – Aux marges des systèmes traditionnels existent toujours des guérisseurs, parfaitement initiés, et donc « légitimes », qui « vulgarisent » leurs pratiques et admettent dans leurs consultations ou dans leurs cultes des étrangers à l'ethnie, et parfois même aux systèmes thérapeutiques traditionnels.

en avait seulement conservé l'idée d'un dieu créateur qu'il appelait simplement « Dieu », ce même dieu qui, selon lui, avait créé les fétiches, ce même dieu qui l'avait désigné pour servir celui-ci.

Il y avait une sorte de dissonance entre le caractère rudimentaire du village, l'absence de tout confort moderne, sans eau courante, sans électricité, et la réputation nationale de ce vieux guérisseur. Son existence, son grand âge, ce halo qui entourait les lieux étaient aux yeux de tous la preuve de la vitalité du fétiche ! En partant, notre guide nous a montré une jeune femme qui portait dans les bras un bébé. « C'est sa femme ! » nous a-t-il glissé. Il voulait lui aussi souligner la puissance du fétiche qui donnait au centenaire la vitalité d'un jeune homme.

Alors oui, en quittant le vieux guérisseur de la grande banlieue de Ouagadougou, je me suis dit que ces histoires d'objets animés, d'objets qui agissent sur les êtres et sur le monde, aussi invraisemblables qu'elles paraissent au premier abord, devaient receler une vérité indispensable à tout thérapeute.

Certes, les féticheurs, tel le vieux guérisseur de Ouagadougou, nous proposent des équivalences. « Ce sont des médicaments africains », disent-ils volontiers, comme pour nous rassurer. Mais il est manifeste que, malgré toutes les substances qu'ils renferment, ces objets n'ont rien d'un « médicament » au sens où nous l'entendons. À moins qu'on accepte l'idée qu'ils agissent sur la personne en souffrance en venant percuter son univers.

Quoi qu'il en soit, ces objets enchantés relèvent bien de ce que les Grecs de l'Antiquité appelaient *pharmakon*, c'est-à-dire à la fois remèdes, poisons et boucs émissaires.

Puissance des objets actifs

Plutôt que me demander si l'action des objets actifs est réelle, si elle relève de la science ou du surnaturel, si on doit l'attribuer à la crédulité de pauvres agriculteurs ou à la puissance hypnotique des sorciers, je me suis intéressé aux principes qui président à leur fabrication et à la théorie de leur action.

En Afrique, il existe toutes sortes d'objets actifs. D'abord, ceux que l'on accole à son corps, ces amulettes que l'on porte au cou, au bras, sous la coiffe, contre le crâne, à la ceinture ou simplement dans la poche. Ce sont de petits sacs de cuir ou de tissu, mais aussi des ceintures en peau, de serpent ou de félin, bardés de cauris, contenant des plantes, des poudres et parfois des écritures. Ceux-là, on le devine, agissent du fait de leur contact avec les organes sensibles, le cœur (au bras gauche), le cerveau (sur la tête), le foie (autour de la taille), les mains (aux doigts)... Mais les plus intrigants des objets sont les statuettes qui agissent à distance, des figurines dont la taille peut aller de quelques centimètres à plus d'un mètre, de forme humaine ou animale, dont l'apparence signe immédiatement l'identité. Au premier regard, on comprend que ce sont des objets chargés, des objets actifs. Ils sont enveloppés de peau ou de textile ; renforcés par des piques, des lames, des armes, parfois ; liés, bâillonnés, yeux fermés. Choses étranges que l'on appelait autrefois en Europe, des « objets-fées ».

Religion ou pratique démoniaque ?

Car si des « choses » animées peuvent soigner, il est connu qu'elles peuvent tout aussi bien être à l'origine du mal ou du malheur. J'en ai vu un certain nombre en Afrique, de ces « objets actifs ». Ils intriguent, ils font peur – ils sont faits pour ça aussi : impressionner ! Ils ont la réputation d'être terriblement efficaces. C'est ce que l'on entend dire de manière quasi unanime dans les deux pays où ils pullulent, au Bénin et au Togo, tant par les adeptes du vaudou que par ses détracteurs. Les uns parlent de religion des ancêtres, les autres, d'actions démoniaques. Mais il est bien plus difficile d'obtenir la réponse à la question : comment sont-ils actifs ?

Dans les pays qui bordent le golfe du Bénin, le vaudou n'est pas seulement une pratique obscure, c'est une

Le temple des Pythons, dédié
au vaudou Dan, représenté
par le fameux serpent.
Il est situé juste en face
de la grande cathédrale
catholique, la basilique
de l'Immaculée Conception
de Ouidah, au Bénin. Il n'est
pas rare de voir des fidèles
aller de l'un à l'autre.

religion qui a pignon sur rue, avec ses temples, ses prêtres, ses croyants, ses détracteurs, aussi.

S'il fallait traduire le mot « vaudou », son équivalent le plus adéquat serait « divinité ». « Vaudou » désigne une divinité pour autant qu'il en existe une myriade. Certaines sont identifiées aux forces de la nature, la terre, la maladie (Sakpata), la foudre (Hevioso), le fer (Goun), la maternité, l'eau et les eaux (Yemanja[13]), le serpent (Dan), la justice (Shango), les jumeaux (Ibeji), l'amour (Oshun), la termitière (Avessan)…

D'autres sont plus proches de démons susceptibles de modifier l'ordre du monde. Mais le panthéon vaudou, s'il est connu dans ses grandes lignes, évolue sans cesse, au rythme des événements, des guerres, des alliances, des déplacements de populations. On sait qu'aux XVIIIe et XIXe siècles, à l'issue d'une guerre, le roi vainqueur s'emparait des vaudous du peuple vaincu.

Les récits concernant les dieux les plus puissants se sont néanmoins stabilisés et se révèlent relativement semblables

---

13 – Pour Pierre Verger, Yemanja est une contraction de *Yéyé omo eja*, qui signifie « la mère dont les enfants sont des poissons ». Pierre Verger, « Notes sur le culte des *Orisa* et *Vodun* à Bahia, la Baie de tous les Saints, au Brésil et à l'ancienne Côte des Esclaves en Afrique », Dakar, Mémoire de l'Ifan, nº 51, 1957.

Au sein du temple, le vaudou
Dan a été installé au pied
d'un baobab, caché par
un linge blanc. L'huile rouge
qui a été projetée a laissé
des traces jaunâtres.

d'une contrée à une autre, mais il existe une myriade de divinités secondaires, parfois seulement locales. Certains vaudous sont des ancêtres divinisés, comme les anciens rois du Bénin. Mais même un simple humain peut devenir un vaudou après sa mort, s'il s'est révélé nanti d'une qualité remarquable durant sa vie. On dit que, quelquefois, lorsqu'on veut se débarrasser d'un chef devenu trop entreprenant, ou trop autoritaire, on l'empoisonne avec son accord en l'assurant qu'il est en voie de devenir vaudou. Les vaudous, ce sont aussi des morts…, des morts restés actifs dans le monde des vivants.

Voilà une phrase qui pourrait sembler étrange. Elle recèle pourtant le premier principe de fabrication des statuettes vaudoues, l'assignation d'un mort, mis au service d'une action complexe organisée par les vivants.

Premier principe à retenir, donc : la puissance du mort peut être capturée dans un vaudou et réutilisée par la communauté pour agir sur le monde.

Mais le vaudou, c'est également des rites, pour honorer les divinités, à certaines dates, comme le rite à Sakpata, qui survient au moment des moissons, ou le culte aux morts (Egungun). Ce sont aussi des cérémonies destinées à agir sur le monde : faire tomber la pluie lorsqu'elle est nécessaire ou l'empêcher lorsqu'elle risque de gâcher un événement.

Mais la plus spectaculaire est celle que l'on appelle la « sortie des initiés ». Car la plupart des divinités vaudoues sont susceptibles de s'incarner dans le corps de leurs fidèles. Si bien qu'il existe des lieux secrets qu'on appelle « couvents », où les adeptes sont initiés à leur vaudou, c'est-à-dire qu'ils apprennent à se laisser prendre, posséder par lui, lors des danses rituelles. Au Bénin, on dit de ces initiés qu'ils sont *vodunsi*, « époux du vaudou » en langue fon. L'initiation peut durer des années, à l'issue desquelles les néophytes, les nouveaux initiés, sortent en pleine rue et défilent en procession pour honorer leur vaudou. Ce sont alors des foules qui les suivent au rythme des tambours, avec des enfants par dizaines qui courent et frappent des mains, des fidèles, des curieux aussi, scandant leurs chants et dansant leurs pas.

Le vaudou, c'est donc aussi une religion aux rites spécifiques et complexes. Dans certains pays d'Afrique de l'Ouest, c'est même la religion de base ; tel le sud du Bénin, où tout le monde est plus ou moins adepte du vaudou mais peut ensuite devenir chrétien, catholique, protestant ou évangélique, musulman, libre penseur, franc-maçon ou marxiste-léniniste… La seconde religion est alors une seconde couche de spiritualité qui n'efface pas la première. Le vaudou est solidement implanté depuis la première enfance, depuis les premiers soins au bébé, les premières scarifications, depuis les premiers traitements, depuis les premières cérémonies. Et si l'on pose la question de la croyance, on nous répondra: « Mais le vaudou n'est pas une croyance, c'est une réalité! C'est la religion de nos ancêtres! »

Je me souviens d'avoir partagé un soir quelques bières dans une maison familiale, à Porto-Novo, au Bénin. Il y avait là le père, la mère et deux grands enfants de 23 et 24 ans. Puis arriva le troisième fils, le plus jeune, qui avait 20 ans. Lui ne buvait pas. Et quand je lui ai demandé pourquoi, il m'a répondu qu'il était musulman. C'est à ce moment que, devant mon regard étonné, tout le monde a éclaté de rire. L'aîné des frères m'a alors expliqué que le père les avait envoyés chacun dans un lieu sacré: l'aîné chez les catholiques, son cadet chez les évangéliques et le benjamin chez les musulmans. Et il a ajouté avec un sourire narquois: « C'est pour que la famille puisse bénéficier de chacune des puissances. »

Naturellement, ils restaient tous adeptes du vaudou. Car quelle que soit la religion finalement adoptée, chacun a partagé dans l'enfance et à l'adolescence ce même bain de cérémonies, de musique, d'êtres, sans cesse mentionnés, de professionnels, admirés ou redoutés, et d'objets – d'objets, surtout! – que l'on voit partout.

Lors d'un voyage au Bénin, à Ouidah, un gamin m'accoste en pleine rue.

– *Tu veux voir le grand vaudou de Ouidah ?*

– *Sûr que je veux le voir ! Et que vas-tu me demander en échange ?*

– *Rien ! Juste une pièce de 10 francs CFA.*

Je le suis au travers des ruelles jusqu'à une petite case. Il pousse la porte. Il y a là un grand tas de sable haut de plus de deux mètres qui porte autour de sa taille un ruban de satin jaune. Je regarde, dépité, le tas de sable humide de couleur gris verdâtre et je dis à l'enfant :

– *Mais il est mort, ton vaudou !*

– *Tu ne crois pas*, me répond-il, *que pour 10 francs je vais te montrer un vaudou vivant…*

Humour et connaissance spontanée des gamins des rues !

La puissance d'un mort capturée

Comme dans beaucoup de pays d'Afrique, au Bénin, dans les villes, tout au long des rues, on aperçoit des maisons en cours de construction. Ici on a élevé trois murs, là on a coulé la dalle de ciment ou seulement creusé les fondations. C'est que le propriétaire n'a pas encore réuni les fonds nécessaires. Sur ces innombrables chantiers interrompus, on voit s'amonceler des matériaux, planches, parpaings, sacs de ciment, et devant, pour les garder, plantées dans le sol, des *bocio*.

Ce sont des statuettes de bois, longilignes, de forme humaine, se terminant par une pointe permettant de les ficher au sol. Hautes de trente à cinquante centimètres, elles sont patinées par le temps, les libations et les offrandes. *Bocio*, en langue fon, signifie « cadavre agissant ». Jusque dans son nom, on laisse entendre que la puissance d'un mort a été capturée et intégrée à la statuette, désormais au service de la garde de la propriété. Car oui, les *bocio* sont les meilleurs des gardiens, que nul ne peut leurrer, qui n'ont guère besoin de dormir, eux qui vivent pour l'éternité. Mais pour qu'ils restent actifs, il faut les stimuler régulièrement, les nourrir, les cajoler, leur parler, au cours de rites secrets. Le tout discrètement, secrètement : les voisins ne doivent pas voir celui qui les a installés, jamais surprendre la réunion de *bokono*, de spécialistes des rites vaudous, venus les arroser du sang d'un poulet ou d'un agneau.

Mais l'on appelle aussi *bocio*, ou parfois seulement *bo*, d'autres objets, qui leur ressemblent beaucoup, à la différence qu'ils sont dépourvus de la pointe pour les planter

Bocio fon.
Bénin, XIXe siècle, 38 cm.

Cette figurine à deux têtes, en bois, affublée d'un crâne de canard sur le devant est ceinturée d'une mâchoire évoquant l'humain (peut-être une mâchoire de singe). La statuette est ficelée, des cauris pendent au bout des liens. Elle porte sur le dos un sac évoquant un fagot de bois. On distingue la patine sacrificielle, de sang, d'œufs et d'alcool sur lesquels sont restées collées quelques plumes.

au sol. Ils sont plus impressionnants encore, souvent ligotés, parfois fermés avec un cadenas, portant un mystérieux « paquet » sur le dos. Certains sont affublés d'un miroir sur le ventre. Ceux-là ne sont visibles ni dans les rues ni dans les maisons. Ils ont été déposés à un carrefour, dans le tronc d'un vieil arbre, sous le sol de l'entrée d'une maison, dans un recoin de mur. Ils sont chargés d'une mission : accomplir la volonté, souvent agressive et vengeresse, du commanditaire.

Voici un scénario possible : une personne qui a été lésée, s'estimant victime d'un jaloux ou d'un malfaisant, pour se venger, a demandé à un *bokono* de lui fabriquer un tel objet. Peut-être a-t-elle aussi chargé le « sorcier » de le placer sous les pas de la victime. Elle s'attend à ce que celle-ci tombe malade, perde son emploi, soit poursuivie par la justice ou même disparaisse brutalement. Nul n'avouera jamais avoir ordonné une telle attaque sorcière ; aucun *bokono* ne se vantera jamais d'avoir fabriqué l'objet. Ces objets pullulent pourtant, à la campagne comme en ville, chez les paysans et chez les fonctionnaires, et même au plus haut niveau de l'État.

Car ces statuettes invisibles vivent « la nuit », c'est-à-dire dans l'espace caché, à l'insu du voisinage. Il est arrivé à chacun d'en voir, cependant, peut-être seulement dans une poubelle ou dans une décharge où ces objets finissent souvent leur vie[14] ; tout le monde, c'est certain, en a entendu parler. Peut-être votre voisin en a-t-il placé une sous le seuil de votre entrée, peut-être en avez-vous glissé une dans l'anfractuosité de son mur ? Chacun soupçonne l'autre mais nul ne peut en être certain. Seuls les fous se hasardent à déclarer au grand jour qu'Untel leur a lancé un sort. Le monde tient en équilibre du fait de la crainte de la puissance supposée de l'autre. Philosophie implicite basée sur l'envers d'un contrat social. Pour cet univers caché, la vie en société serait la résultante de l'invisible combat de chacun contre chacun[15].

---

14 – Alain Epelboin en a collecté des milliers dans les décharges du Sénégal et d'autres pays d'Afrique de l'Ouest. Voir Alain Epelboin, *Amulettes et objets magiques du musée de l'Homme collectés dans les ordures du Sénégal, collection ALEP (1983-2016)*, 2016, 124 p., hal-01285233f. Document qu'on peut consulter sur Internet : https://hal.archives-ouvertes.fr/hal-01285233/document

15 – Je reprends à dessein l'expression de Hobbes qui, on s'en souvient, écrivait dans le *Léviathan* (1651) : « Aussi longtemps que les hommes vivent sans un pouvoir commun pour les maintenir tous dans la crainte, ils se trouvent dans l'état qu'on appelle guerre ; et qu'aussi cela se tient en une guerre de tous les hommes contre tous les hommes… » Il ne connaissait sans doute pas les organisations africaines complexes dans lesquelles la guerre secrète supposée de tous contre tous conduit à une politesse généralisée et à un évitement systématique des conflits.

Le vaudou, c'est donc aussi un univers social fait de pensées et de désirs violents, un champ de forces obscures qui s'affrontent, se détruisent, s'équilibrent, aussi, sans doute, et le plus souvent dans l'espace secret de la circulation d'objets chargés.

Comment s'en défendre ? Quelquefois, las d'une succession de malheurs, tel homme est parti consulter un devin qui a incriminé une attaque en révélant l'existence d'un objet-sort. Qu'on le retrouve, ce qui est rare, ou qu'on ne le cherche même pas, ce qui est la situation la plus répandue, la meilleure thérapeutique sera la fabrication d'un contre-sort, d'un nouvel objet, qui ne sera rien d'autre qu'un nouveau sort. Et voilà comment naît une nouvelle statuette.

On pourrait penser que l'action de tels objets n'est que l'effet de suggestions dans un milieu particulièrement imprégné de pensées sorcières. Mais en les examinant, on constate vite que de telles statuettes, quoique toutes différentes, respectent un certain nombre de principes et sont constituées d'un certain nombre d'ingrédients. Alors, peut-être participent-elles d'une entreprise de suggestion, mais elles sont surtout le résultat d'une fabrication subtile qui, quelquefois, révèle aussi de véritables talents de sculpteur. D'ailleurs, de nos jours, en Occident,

Bo, statuette vaudoue, 20 cm.

Le personnage est ligoté du cou jusqu'aux pieds. Les oreilles sont percées d'un large trou, les yeux sont bouchés, la bouche est scellée. L'homme représenté, du fait de l'action de l'objet, ne voit rien, ne dit plus une seule parole, ne fait plus aucun geste. La statuette est patinée du sang des sacrifices. Quelques plumes sont restées collées, traces visibles des libations, des prières et des incantations.

on trouve les *bocio* dans les musées et dans les galeries d'art africain[16].

Un supermarché de statuettes en kit

Lomé, 2001. J'ai participé à la création de la maîtrise de psychologie clinique de l'université du Togo ; je l'ai même inaugurée en donnant le premier cours de cette formation durant un semestre. J'y ai rencontré des étudiants passionnés, des jeunes gens particulièrement concernés par leur pays, par leur continent, par la politique… et aussi par une psychologie qu'ils découvraient. Ils voulaient des connaissances provenant d'ailleurs, goûter aux richesses de l'Occident ; je leur ai appris à regarder leurs propres coutumes, leurs guérisseurs, ces pratiques, ces paroles, ces chants, ces objets, qu'ils connaissaient pourtant depuis toujours, et souvent bien mieux que moi. Un soir, après le cours, les étudiants m'ont conduit au marché aux fétiches, dans le quartier d'Akodésséwa, à Lomé.

---

16 – Certaines statuettes, certifiées « authentiques », peuvent atteindre plusieurs milliers d'euros. On qualifie d'« authentiques » celles qui ont véritablement reçu durant des années leurs libations, le sang des sacrifices animaux et les prières. On dit alors qu'elles ont « dansé », même si ces statuettes ne sont associées à aucun rituel de danse.

Dès l'entrée, on est pris à la gorge par l'odeur de charogne, de moisi et de poussière, stupéfaits par ces dizaines d'établis surréalistes couverts de cadavres animaux. D'abord la table aux crânes, des dizaines de crânes, de chiens, de bovins, de moutons, de singes. Plus loin, encore des têtes, plus ou moins séchées, avec leur peau et leurs poils. Et puis des tables de reptiles, des serpents, des crocodiles, des tortues, et celle des oiseaux, alignés par espèces, des corbeaux, des hiboux, des rapaces, avec leurs plumes. Et la table spécifique des chauves-souris, des grandes, de la taille d'un petit chien, la gueule ouverte laissant apercevoir leurs crocs. Sur le sol ou tendues sur une paroi, on trouve des matériaux plus précieux, des peaux de félins, de zèbres ou d'antilopes. La table des pieds et des mains est stupéfiante : pattes d'éléphant, énormes, et de buffles, et mains de singes, surtout, si semblables aux nôtres, par dizaines, de toutes les tailles. Dans les minuscules boutiques, derrière des tentures, on vend des ossements, des os de lion ou d'hippopotame et on raconte volontiers que, dans certaines échoppes, pas ici, bien sûr, mais un peu plus loin…, on vend aussi des os humains – sans doute la substance la plus convoitée pour la fabrication d'un *bocio*. Il semble qu'il existe un intense trafic de cadavres et l'on sait qu'une tombe sans nom, celle d'un inconnu, qui ne sera jamais visitée par des parents, aura tôt fait d'être pillée.

Et puis il y a bien sûr les étals des statuettes, à tous les stades de fabrication, depuis les complètes, avec leurs yeux, leurs parures de coquillages, leurs jupettes de raphia et leurs plumes, jusqu'aux simples structures en bois blanc, à la forme à peine ébauchée, encore vierges de toute libation, mais déjà creusées de cavités qu'il s'agira de remplir avec les ingrédients nécessaires. Justement, on peut se les procurer un peu plus loin, les poudres de racines brûlées d'arbres, d'irokos, de filaos, de baumiers, les liquides étranges, les jus d'animaux, le sang séché de reptiles ou d'animaux sauvages, et les parfums en fioles par dizaines, autant de substances qui permettront de « charger » l'objet...

Le marché d'Akodésséwa est une sorte de supermarché de la statuette en kit, où l'on peut se procurer tous les ingrédients nécessaires à sa fabrication.

On pourrait penser que tout cela relève d'un folklore en voie d'extinction. Mais non ! Ce marché est très récent ; il date de 1997. Auparavant, on se procurait les ingrédients des fétiches dans une section du grand marché de Bè. Devant le succès de la vente des fétiches, en constante expansion, mais aussi du fait de l'attrait que le marché constitue pour les touristes, la municipalité a décidé de le déménager ici, dans un plus grand espace entièrement dédié. Du coup, ce marché peu bruyant, trop ordonné, a l'air un peu factice, très

L’entrée du marché
de Dantokpa, à Cotonou,
au Bénin, avec ses innombrables
zémidjans, ses mototaxis.
On s’y procure les ingrédients
nécessaires à la fabrication
des fétiches.

différent du marché aux fétiches de Cotonou, qui se trouve toujours en plein cœur du grand marché. Là, à Dantokpa, il faut d'abord se frayer un chemin entre les vendeurs de fruits, de légumes et de viande, traverser les étals des tailleurs et des joailliers avant de trouver, parmi les étals de piment rouge, les vendeurs de fétiches.

Comment animer l'inerte ?

Une fois en possession des multiples ingrédients de la liste établie par un *bokono*, comment fabriquer une telle statuette, comment ensuite l'activer ? Le principe essentiel, suggéré par la légende du golem, est bien d'animer l'inerte, de lui conférer une capacité d'agir de manière autonome, autrement dit de lui attribuer une âme. Si la théorie contenue dans la kabbale est explicitement formulée (il s'agit, comme je l'ai expliqué, d'y introduire le nom de Dieu), celle des objets *bo* se laisse déduire de leur constitution.

Au cœur de la statuette, un noyau. *C'est le mort*, celui que l'on va mettre au travail. Il a un nom, on le prononcera à haute voix, on l'inscrira d'une manière ou d'une autre au sein de l'objet. On dispose d'une de ces substances imputrescibles, le plus souvent des ongles, des cheveux, des poils, une dent, quelquefois d'un fragment du linceul, voire d'un morceau d'os ou d'un fragment du crâne… Ce premier amalgame constituera le noyau que l'on va introduire dans la partie la plus cachée de l'objet. Ensuite, il s'agira de se placer sous la protection d'une ou de plusieurs divinités, en fonction de ce qu'on veut obtenir. Si l'on s'estime victime d'une injustice, ce sera Hevioso, vaudou de la foudre et de la justice, et l'on ajoutera une double hache miniature pour le représenter ; si l'on veut assurer sa propre fondation, on invoquera Avessan, divinité de la termitière, et l'on ne manquera pas d'inclure un fragment de termitière ; et si l'on veut s'assurer l'amour d'une belle femme, on n'oubliera pas le miroir d'Oshun ; et ainsi de suite… Éléments qui entourent le noyau, les divinités invoquées lui seront associées, comme les viscères s'accrochent au cœur. Mais avant de l'installer définitivement, ce noyau recevra les paroles prononcées par le demandeur et celles du *bokono* en même temps que des libations d'alcool.

On rassemble ensuite les différents ingrédients qui vont se combiner pour conférer une intentionnalité à l'objet. Ce sont surtout des plantes, mais aussi des poudres animales, fragments d'os d'hyène (pour lutter contre la sorcellerie), crocs de chauve-souris (pour atteindre les viscères), œil de hibou (pour détecter ceux qui agissent dans le noir), peaux ou vertèbres de serpent (contre ceux qui détruisent par la langue), une dent d'hippopotame (pour conférer la plus grande force à l'objet)... Avant d'être inclus, ces ingrédients seront broyés, brûlés, malaxés. On prépare d'abord les cavités, dans le dos et sur le ventre de la statuette, en les tapissant de kaolin. Puis on introduit les différentes plantes, carbonisées, réduites en poudre, ainsi que les fragments animaux et l'on referme les cavités avec de la boue. Cette partie pourrait être considérée comme la chair du fétiche.

Il est donc maintenant muni d'un noyau, d'une chair, il est presque vivant. Reste à le « charger ».

La charge du fétiche, les éléments qui constituent son programme d'action (désignation de la cible, mécanismes d'agression ou de protection d'un lieu ou d'une personne) seront déposés dans un « paquet » fixé sur le dos de la statuette.

Il va falloir ensuite fermer le fétiche. Il faudrait plutôt dire le sceller. La première fermeture a été obtenue par le feu. En brûlant les différentes plantes, en les mélangeant ensuite, on a rendu la séparation des constituants impossible. L'amalgame est désormais définitif. Puis on l'enveloppe dans des fragments de linge et on le ligote. La plupart des statuettes *bo* sont fermées à l'aide de liens, cordes, ficelles, nœuds multiples. Quelquefois, on ajoute un cadenas pour signifier que seul le fabricant originaire

Bo, statuette vaudoue, 25 cm.

On distingue les fragments d'étoffe et les liens destinés à la « fermer », ainsi que son cadenas. À l'arrière de la statuette, un gros paquet : sa « charge ».

en possède la clé. Dernière enveloppe, enfin, la patine qu'il commence à acquérir dès sa première installation, durant laquelle il recevra le sang frais d'un animal égorgé en même temps que les paroles destinées à l'activer. Le sang, d'abord rouge, tournera au brun foncé puis au noir en séchant.

Nous avons donc la formule vaudoue pour animer l'inerte : multiplicité, amalgame, fermeture, enveloppe, activation. *Multiplicité* des constituants provenant de tous les règnes, *amalgame* indestructible procuré par le feu, la dilution, le malaxage, *fermeture* par les liens et cadenas, *enveloppe* par la patine du sang des sacrifices, *activation* par les paroles, la projection régulière d'alcool, de sang et d'huile rouge.

Une statuette vaudoue est, on le voit, bien plus compliquée qu'un golem, peut-être du fait que, contrairement au monstre de la légende, elle est bien réelle et tente de résoudre des problèmes concrets de manière technique.

J'ai vu de telles statuettes, j'ai pu les observer de près ; j'ai rencontré des *bokono*, leurs fabricants, au Togo et au Bénin, j'ai pu leur parler, leur demander des explications. Ils ne sont certes pas prêts à livrer leurs secrets au premier venu, mais ils ont exprimé le plus clairement le problème qu'ils envisageaient de traiter.

Ils étaient unanimes pour dire que le véritable secret de la

Chaque *bocio*
est unique.
Car il est
le prolongement,
dans le monde
caché, de son
commanditaire
et de l'artisan
qui l'a conçu.

fabrication d'un *bocio* se trouve dans le *bokono* – mot que je ne sais comment traduire : « féticheur » ?… « guérisseur » ?… « sorcier » ?… « maître de l'objet » ?… Car c'est lui qui, après une écoute attentive du plaignant[17], après une observation de son corps, de ses atteintes, mais aussi de son maintien et jusqu'à sa respiration, après l'écoute attentive du récit de ses rêves, c'est lui qui décidera du type d'objets, des ingrédients, des animaux à intégrer, des divinités à implorer, des formules à prononcer. C'est lui qui donnera la forme définitive à l'objet, sans doute lui aussi qui ira l'installer. Alors, ce *bokono*, cet homme, cette femme qui maîtrise la fabrication de l'objet, qui détermine sa mission, qui saura l'activer et le maintenir actif, ce *bokono*, disais-je, se trouve au cœur du dispositif.

Noyau, enveloppe, ligatures, trois composantes clés, auxquelles il faut ajouter ce qui constituera l'appartenance de ce fétiche, l'identité de la personne à laquelle il est destiné à servir. C'est dans les choix des ingrédients, de ce que j'ai appelé la « chair », que sera scellée cette identité. Et c'est aussi dans le choix de ces substances, poudres, humeurs,

---

17 – « Plaignant » est bien le mot qui convient, car on charge le *bokono* de traiter toutes sortes de malheurs, la maladie, bien sûr, mais aussi la malchance qui s'acharne, l'injustice qui révolte, la vengeance qui étouffe…

Tobie Nathan
chez un marchand de fétiches
en Guinée, à une centaine
de kilomètres de Conakry.

parfums, et de tant d'autres, que se manifestera l'art véritable du *bokono*, celui de saisir l'identité singulière de la personne, les questions, les problèmes qui l'assaillent, et de les rassembler dans un objet unique. On pourrait parler ici d'*un art de l'interprétation*, puisqu'il s'agit dans un même mouvement de compréhension de l'autre et de traduction de cette compréhension dans un autre registre, celui de la matière. Un *bocio* correctement fabriqué est l'équivalent d'une interprétation correcte de la vie passée et de la projection dans l'avenir de la personne pour laquelle il a été fabriqué.

Si toutes ces conditions sont remplies dans les règles de l'art, c'est-à-dire en veillant à respecter la spécificité du plaignant, à ne jamais appliquer de formules générales, automatiques, à ne pas distribuer à qui le demande la même protection, l'objet assurera la mission pour laquelle il a été conçu – protection, vengeance ou guérison. Il n'est d'ailleurs pas rare que celui qui ne veut pas prononcer son nom le désigne comme un « médicament ».

Chaque *bocio* est unique ; on n'en trouvera pas deux identiques. Car il est un prolongement, dans le monde caché, tant de son commanditaire que de l'artisan, du *bokono*, qui l'a conçu. C'est à la condition d'être une « œuvre originale » que le *bocio*, dit-on, se révélera véritablement actif.

Mais gare aux apprentis sorciers ! On dit que qui s'essaie sans connaître, qui applique des formules stéréotypées, qui, après avoir entendu des bribes ou lu quelque vague étude s'aventure à fabriquer lui-même un tel objet, a de grandes chances de voir se retourner contre lui la puissance du *bocio*. Tel le fameux docteur Frankenstein, il verra se lever contre lui la puissance de l'objet auquel il a donné vie.

Des objets suscitant la terreur

J'ai d'abord soupçonné l'importance des objets en entendant les patients que j'ai reçus dans mes consultations durant des décennies. Au début, je ne comprenais pas la terreur qu'ils éprouvaient à l'idée que de tels objets avaient pu être fabriqués pour leur nuire. Fidèle à la morale que je m'étais édictée de ne jamais disqualifier leurs pensées à partir d'a priori, je me suis interdit de juger de tels objets comme « résultats de croyances » ou de « superstitions ». Et puis j'avais déjà l'intuition qu'un objet ne peut pas s'appréhender à partir des idées, mais seulement à partir de la technique. Comment le fabriquer ? Comment l'utiliser ? Comment l'activer ? Comment s'en débarrasser ? Voilà les questions qu'on doit se poser en présence des objets !

Je suis donc parti à leur découverte. Je n'ai pas eu besoin

de beaucoup les chercher pour les trouver, partout où je suis allé, en Afrique de l'Ouest, en Guinée, où j'ai vécu deux ans, au Mali, au Bénin, au Togo. Je les ai aussi trouvés en Afrique de l'Est, au Burundi et au Rwanda, où j'ai vécu un an et demi, à l'est du Congo… Partout ! Ces objets s'étaient créé une écologie au sein de systèmes très différents. À l'aise en milieu traditionnel, au village, parmi les animistes, ils avaient également trouvé leur place dans les religions monothéistes, même si c'était une place en négatif. Là comme ici, ils étaient souvent *l'explication dernière d'une maladie ou d'une suite de malheurs*, mais aussi *l'explication de la puissance ou de la réussite économique* de certains. J'ai constaté que les anthropologues, qui avaient longtemps considéré ces objets, ces « fétiches », avec un peu de condescendance, commençaient à s'y intéresser de manière systématique et argumentée. Je me suis jeté avec passion dans la lecture des deux numéros de *Systèmes de pensée en Afrique noire* qu'a dirigés Albert de Surgy sur les fétiches[18]. Si les descriptions des anthropologues sont détaillées et méticuleuses, si leurs analyses sont souvent précieuses et parfois particulièrement

---

18 – Albert de Surgy (dir.), « Fétiches. Objets enchantés, mots réalisés », *Systèmes de pensée en Afrique noire*, cahier 8, 1987, et « Fétiches II. Puissance des objets, charmes des mots », *Systèmes de pensée en Afrique noire*, cahier 12, 1993.

subtiles[19], je n'y ai pas trouvé les réponses aux questions que je me posais.

Car ma première question était de nature clinique. En quoi la connaissance de tels objets, de leur structure, de leur logique de fabrication, de leur usage et de leur destin, en quoi une telle connaissance, qui est manifestement indispensable aux thérapeutes traditionnels africains, peut-elle enrichir le travail d'un thérapeute travaillant en Occident? En quoi cela concernait-il mon propre travail de thérapeute?

Interprétation des objets actifs

Je me suis toujours opposé à une simplification du problème tel que je l'avais vu pratiquer, d'abord par mes maîtres, puis par mes pairs, qui attribuent l'efficacité de tels objets à des «mécanismes de suggestion» ou, ce qui n'est pas très différent, aux «effets du transfert». Dans les mondes africains que j'ai côtoyés, ces objets agissent, mus par leurs forces propres, jamais pour des raisons psychologiques.

Il me semblait fondamental et urgent d'intégrer de tels objets à une théorie générale de la thérapie. Car si les

---

19 – Voir par exemple le lumineux article de Jean Bazin, «Retour sur les choses-dieux», *op. cit.*

guérisseurs africains, mes collègues, obtiennent des résultats thérapeutiques avec des objets qui ne relèvent en rien des théories savantes que l'on professe dans le monde universitaire, il nous faut revoir ces théories jusqu'à leurs principes mêmes.

Et voici ma seconde question : existe-t-il, dans une pensée de la thérapie, une place pour des objets qui agiraient, non pas pour des raisons biochimiques comme les médicaments, non pas pour des raisons psychologiques comme des « symboles », mais selon des mécanismes qui leur seraient propres ?... Précisément parce qu'ils ont été fabriqués pour agir !

Un premier élément de réponse se trouve dans l'un des principes qui président à la fabrication de ces objets actifs : l'amalgame – mon ami Lucien Hounkpatin dirait « compactage ». On l'a vu à l'œuvre, dans la fabrication tant des *boli* maliens que des *bocio* béninois, *amalgame* de matières provenant de tous les règnes – minéral, végétal, animal et humain –, assemblés, unifiés et scellés jusqu'à constituer un objet nouveau, inconnu, dont on attend, *in fine*, qu'il soit autonome.

Les *bokono*, les guérisseurs béninois ou togolais, lorsque ce ne sont pas des charlatans, ont la plupart du temps été longuement initiés. Ils ont appris les techniques des objets, allant de leur fabrication à leur usage ; ils ont également appris les mythes et les récits qui les accompagnent, les prières qui les activent. Ils se savent détenteurs de secrets. En yoruba, une langue du sud du Bénin et du Nigeria, on les appelle *baba lao*, littéralement « maîtres du secret », tout comme on appelait les nôtres, dans les campagnes de la France de jadis, « panseurs du secret ».

Quel intérêt pour un clinicien travaillant aujourd'hui à Paris de lever, ne serait-ce qu'un peu, le voile de ce secret ? Il ne s'agit évidemment pas de fabriquer un tel objet actif, sa maîtrise nécessiterait des années. Outre comprendre la logique de leur usage, l'ambiance dans laquelle ont baigné les patients originaires de ces pays que nous recevons ici, il s'agit de pénétrer une intelligence.

Ces objets, étant le fruit d'une intelligence théorique à l'origine de leur conception, mais aussi le résultat d'une maîtrise technique, sont pour moi une véritable leçon. La voici :

Pour soigner, il ne suffit pas de comprendre, il faut agir. Agir, non pas sur le seul patient, mais aussi sur son entourage, sa famille, ses rivaux, ses ennemis, sur l'ambiance, aussi…

Et quoi de mieux pour agir sur le monde que la fabrication d'un objet ?

Les amulettes

Lilith et les amulettes juives

Curieusement, j'ai retrouvé les mêmes principes qui président à la fabrication des objets actifs dans la constitution des amulettes : *amalgame d'éléments hétéroclites, fermeture, enveloppe, activation*. Mais, là encore, pour en saisir le fonctionnement, j'ai dû remonter aux sources. Tout commence, semble-t-il, par un récit mythique, celui d'un conflit de couple.

Selon une tradition médiévale juive, avant Ève, Adam eut une première femme appelée Lilith. Pour avoir refusé de se soumettre à Adam, Lilith dut prendre le maquis pour l'éternité, devenant une créature de la nuit, celle qui tue les nouveau-nés des humains, la descendance d'Adam.

Voici l'histoire de Lilith, la première femme que Dieu a donnée à Adam, telle qu'elle figure dans la tradition talmudique ; cette Lilith qui s'est révélée démon de la nuit, tantôt incube, tantôt succube, suceuse de sang, dévoreuse de nouveau-nés, épouse en secondes noces du prince des diables, que la tradition ésotérique juive nommait Samaël avant de l'appeler Satan… Mystérieusement apparue dans la littérature entre le VIIIe et le Xe siècle apr. J.-C., en Perse, fixée dans un étrange manuscrit sans cesse cité, l'*Alphabet de Ben Sira*, faussement attribué à l'auteur de l'Ecclésiaste, elle ne cesse, depuis, de hanter les naissances[1].

Il s'agit certes d'un récit mythique, mais on lui reconnaîtra des accents très contemporains[2].

---

1 – Il s'agit d'un texte médiéval anonyme rédigé aux alentours du Xe siècle apr. J.-C. mettant en scène un médecin-magicien qui aurait soigné le fils de Nabuchodonosor en fabriquant une amulette contenant les noms divins et ceux des anges ainsi que des images des êtres thérapeutiques. D'après Charles Mopsik, ce texte serait apparu après coup, pour justifier et expliquer l'usage grandissant des amulettes dans les communautés juives. Charles Mopsik, *Le Sexe des âmes*, Paris, Éditions de l'Éclat, 2003.

2 – Signe de la modernité, Lilith, le démon tant redouté durant des siècles, s'est trouvée réinvestie dans une matrice de significations nouvelles, devenue symbole de la révolte des femmes contre l'ordre patriarcal. Elle est réapparue avec une vitalité redoublée à New York, en 1976, donnant son nom à une revue féministe juive qui entend porter haut la revendication d'égalité. En exergue à cette revue, on trouve la phrase issue du fameux manuscrit *Alphabet de Ben Sira* : « Le nom de notre journal est celui de la femme qui précéda Ève et qui insista sur son égalité avec Adam : "Après que le Saint béni soit-il créa le premier être humain, Adam, il créa une femme, elle aussi de la terre et l'appela 'Lilith'…

Le sixième jour de la création, après avoir créé Adam, Dieu lui fabriqua une compagne, non pas issue «de son côté» ou «de sa côte», comme dans le texte biblique, mais façonnée de glaise, tout comme lui. Aussitôt les deux créatures se querellent au sujet de leur position durant l'amour: «Je ne me couche pas dessous!» dit Lilith. «Je me couche au-dessus, lui répondit Adam, car tu es destinée à être dessous»... Elle répliqua qu'il n'en était pas question, qu'ils étaient égaux puisque tous deux nés de la même glaise... Dessus, dessous, cris et fureur, au point qu'ils ne purent s'entendre. Alors, Lilith, folle de rage, prononça le nom de Dieu dans son intégralité, le *shem hameforash*, le nom véritable, le nom caché de Dieu, et fut aussitôt munie d'ailes. C'est ainsi qu'elle disparut dans les airs.

Un instant apparue, disparue l'instant d'après, telle une vision, la compagne du premier homme!

«Ah, Souverain du monde! se plaignit Adam, la femme que tu m'as donnée m'a abandonné.» Alors, Dieu envoya trois anges-médecins pour la ramener. Ils la cherchèrent

---

...Lilith dit: "Nous sommes égaux parce que nous venons tous les deux de la terre." (*Alphabet de Ben Sira*, 23 a-b).» *Lilith, The Jewish Women Magazine*, n° 20, New York, 1988, p. 1. Voir Michèle Bitton, «Lilith et Adam. Une légende sens dessus dessous», *Pardès*, vol. 2, n° 43, 2007, p. 37-51.

longtemps à travers toute la Terre avant de la retrouver dans les eaux tumultueuses de la mer Rouge. Ils la supplièrent de revenir. Et comme elle refusait, ils la menacèrent. Si elle persistait à déserter le lit conjugal, cent de ses enfants mourraient chaque jour. Dure comme l'acier, Lilith ne se laissa fléchir ni par les menaces ni par les promesses. En punition de cet acte de rébellion, elle fut condamnée à enfanter des êtres de la mort, des enfants qui s'en iraient aussitôt habiter le monde de la nuit. Depuis lors, dégorgeant de rage et d'envie, pour se venger, elle tue les enfants d'Adam, les bébés des humains, chaque fois qu'elle le peut – les garçons jusqu'à l'âge de huit jours, les filles jusqu'à celui de vingt jours.

Mais comme les trois envoyés de Dieu la poursuivaient sans relâche, elle fit une promesse pour leur échapper. Elle s'engagea à laisser l'enfant en vie chaque fois qu'elle entendrait ou lirait les noms de ces trois anges, ceux-là mêmes qui la poursuivaient, les trois envoyés de Dieu : Sanoï, Sansenoï et Samenguelof[3].

---

3 – Dans l'*Alphabet de Ben Sira*, la légende commence par un récit « thérapeutique ». Voyant son jeune fils malade, Nabuchodonosor fit venir Ben Sira et menaça de le tuer s'il ne parvenait à guérir l'enfant. Alors, Ben Sira confectionna une amulette dans laquelle il inscrivit les noms des anges « chargés de guérir par leurs noms, leurs formes, leurs visages, leurs ailes, leurs mains et leurs pieds ». Et lorsque Nabuchodonosor vit l'amulette, il lui demanda ce qu'il y…

Ce sont précisément ces noms que l'on peut lire sur les amulettes destinées à protéger le nouveau-né et la parturiente – amulettes qui ont envahi le monde juif depuis le Moyen Âge, et cela jusqu'à nos jours.

On peut y lire les formules suivantes :

Adam est avec Ève.

Dehors Lilith !

Ève est la première.

Sanoï, Sansenoï, et Samanguelof sortiront pour toi, pour te garder dans le chemin…

Pour exemple, et pour introduire l'analyse, je présente ici la célèbre amulette de protection de la parturiente et du nouveau-né, telle qu'elle apparaît dans le *Sepher Raziel*[4], reprise depuis à l'infini, et cela jusqu'aux époques contemporaines.

…avait inscrit. Ben Sira répondit que c'étaient les anges chargés de la guérison : Sanoï, Sansenoï et Samenguelof. Voir Michèle Bitton, *op. cit.*, et aussi Charles Mopsik, *Le Sexe des âmes*, *op. cit.*

4 – De son nom complet, *Sepher Raziel Ha Malaakh*, ce qui signifie « le Livre de Raziel l'Archange ». Il s'agit d'un recueil de textes de kabbale pratique et théorique, qui aurait été révélé à Adam, le premier homme, par un certain archange Raziel. Le nom de l'archange laisse entendre qu'il est celui qui dispose des secrets (de l'araméen *raz*, « secret » ; *Raziel*, littéralement « les secrets de Dieu » – Daniel, 2, 27-30). Le livre a probablement été écrit, et sans doute pour une grande part compilé, à partir de textes plus anciens dont certains remonteraient à l'Antiquité, par Éléazar de Worms…

La nuit personnifiée

Le nom Lilith est probablement un emprunt aux langues assyriennes. Il dérive manifestement du sumérien *lil*, qui signifie « vent ». C'est ce même mot qu'on retrouve pour désigner les démons appelés *Lil* au masculin et *Lilit* au féminin[5]. Cette désignation a laissé des traces dans le Talmud, où les démons, *shedim* en hébreu, sont quelquefois appelés *lilin*, reprenant l'ancienne appellation assyrienne et la déclinant sous la forme araméenne. Avec le temps, le mot est sans doute venu fusionner avec l'hébreu et l'araméen *leïla*, « nuit », au pluriel *leïlot* ou *lilat*, jusqu'à définir le concept de « nuit mystique » ou, plus exactement, d'« anti-jour ».

...(1176-1238). Sa première édition remonte à 1701 à Amsterdam, en hébreu. L'édition consultée est la traduction française parue aux éditions Hermésia en 2017. Sur les sources complexes du *Sepher Raziel*, sans doute composites, voir Emma Abate, « Nouvelles lumières sur la tradition du *Sefer Raziel* », *La Règle d'Abraham*, n° 39, 2017, p. 1-15.

5 – On peut remarquer que les démons et plus généralement les esprits sont appelés « vents » dans bien des langues du Moyen-Orient, par exemple : *Roua'h* (« vent ») ou *Nefesh* (« souffle »), en hébreu et en arabe, ou *Psukhê* en grec ancien. On retrouve cette même dénomination au Sénégal et au Mali, sans doute du fait de l'influence de l'islam.

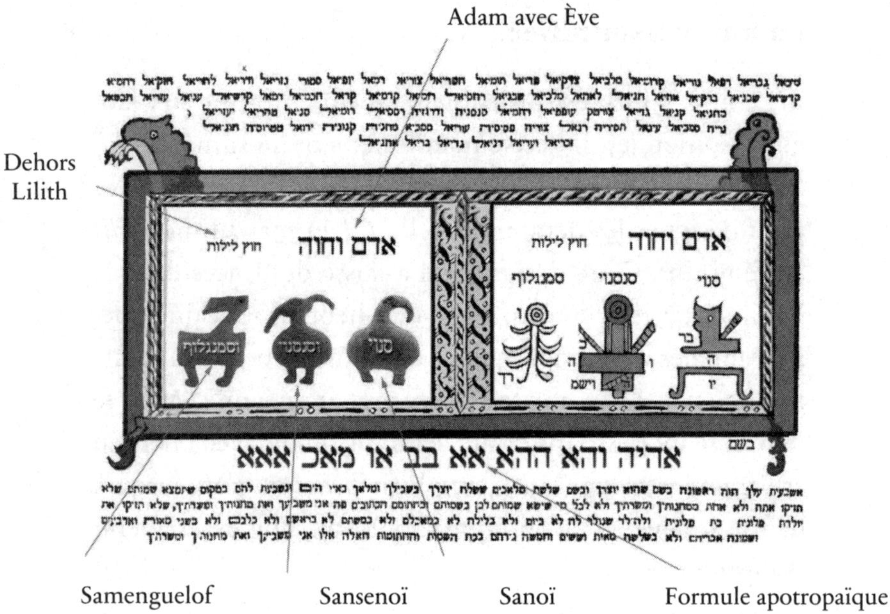

Tirée du Sepher Raziel, *cette amulette juive de protection du nouveau-né contre Lilith est coloriée et commentée par mes soins. Elle contient les formules habituelles concernant Adam et Ève, ainsi qu'une formule apotropaïque difficile à comprendre. Elle peut se lire ainsi : « Au nom de Ehyeh (l'un des noms de Dieu), VHA HHA AA BB AW MAB AAA. » L'amulette est précédée d'une impressionnante série de noms d'anges et suivie d'une longue conjuration sommant Lilith et les autres démons de ne pas approcher la mère et l'enfant.*

On comprend que Lilith est à la fois créature de la nuit et nuit personnifiée. Mais cette « nuit » peut aussi se comprendre comme l'envers du monde, sa partie cachée, là où l'Être se révèle Néant, où l'accouplement engendre la mort. De fait, son destin est d'enfanter du non-être, de semer de l'anti-vie.

Lilith est donc l'incarnation du mal, de la nuit, des maléfices et de la mort. Pour s'en prendre à la descendance d'Adam, Lilith est réputée agir de deux manières. Démon des nuits, elle séduit les hommes dans leur sommeil pour leur subtiliser leur sperme grâce auquel elle engendrera des myriades de démons hybrides qui viendront persécuter les humains, répandant malheurs et maladies. En l'occurrence, elle est semblable à la sphinge, l'être des cauchemars et des pollutions nocturnes de la tradition grecque antique[6]. Par ailleurs, elle surgit à chaque accouchement pour ravir la vie, tantôt celle de la parturiente, tantôt celle du nouveau-né. Là, elle devient le spectre des désastres de l'accouchement, malheurs qui, comme on le sait, ont accablé l'humanité durant des millénaires jusqu'aux découvertes d'Ignace Philippe Semmelweis sur l'asepsie, en 1846.

---

6 – Voir l'analyse de la figure de la sphinge dans Tobie Nathan, *Les Secrets de vos rêves*, Paris, Odile Jacob, 2016.

Dans la tradition populaire juive, Lilith, qui s'oppose farouchement à la reproduction des humains, est le démon « autorisé », je veux dire celui qu'il est acceptable de combattre. Car, pour sauver la femme en couches et le fragile nouveau-né, les autorités religieuses ont toléré toutes sortes de magie.

Ainsi la croyance aux démons, chassée de la Torah[7], s'est-elle glissée dans les pratiques magiques et dans la kabbale pour combattre la terrifiante Lilith.

Protéger la femme enceinte et le nouveau-né

Ainsi, les amulettes les plus courantes et les plus répandues étaient celles destinées à la protection des nouveau-nés. Elles étaient même souvent rédigées et parfois arrangées par les scribes et les rabbins, mais toujours en respectant quelques grands principes. On y trouve :

1) des invocations, sous la forme de recours aux anges, parfois cités pêle-mêle en de longues listes ;

2) des conjurations, sous une forme obligée comportant

7– Pas totalement, puisqu'on en voit une magnifique illustration dans le Livre de Tobie. Il est vrai que ce livre, dont on possède pourtant la version hébraïque, n'a été validé ni par le canon juif ni par le canon catholique…

nécessairement la formule *Ani mashbia'h*, « Je conjure » ou « Je t'adjure », déclinée à la première personne, indiquant que le scribe assume la position de « chasseur de démons », prenant le risque de s'interposer entre l'éventuelle victime et l'invisible agresseur, la redoutable Lilith ;

3) des images, ce qui est rare dans les écrits religieux juifs, images des anges, à la vue desquels Lilith est supposée prendre peur, accompagnées de leurs noms, dont la seule inscription la met en fuite. Dans les amulettes de protection contre Lilith, les anges, représentés sous forme d'oiseaux étranges, apparaissent dans deux panneaux, l'un où ils figurent en dessins, l'autre où ils sont représentés par leurs sceaux ;

4) des formules apotropaïques comportant des suites de consonnes dont on ignore la prononciation, syllabes de trois lettres, fragments supposés du grand nom de Dieu, qui serait constitué de 42 lettres selon certains, de 72 lettres selon d'autres.

5) On y trouve aussi mentionnés deux noms : celui du commanditaire de l'amulette et celui de son bénéficiaire.

Ces amulettes étaient ensuite pliées, cousues dans une enveloppe de tissu ou de cuir, puis portées contre le corps par la femme enceinte, pour les imprégner de son odeur, ou accrochées au berceau du nouveau-né.

Nous avons donc un commanditaire, par exemple le mari, le père ou l'oncle de la parturiente, un scribe-guérisseur, rabbin, que l'on appelait fréquemment *baal shem*, « maître du nom[8] », le fabricant de l'amulette, et des bénéficiaires, la femme sur le point d'accoucher et son bébé.

---

8 – Dans certaines communautés juives, notamment celles d'Europe de l'Est, *baal shem* était un véritable métier. Métier utile et recherché, chaque communauté cherchait à posséder le sien.

Amulette juive, fin XIXe *– début* XXe *siècle, provenant du Moyen-Orient, sur le modèle de celles qu'on trouve dans le* Sepher Raziel. *Dans la partie du haut, la conjuration ; dans celle du bas, écrite à l'envers, la liste des anges ; au milieu, à gauche, la représentation des anges, à droite, leurs sceaux.*

Texte de la conjuration

« Je t'adjure, la Première des femmes étant Ève, Je t'adjure au Nom de ton Créateur et au nom des trois anges que Ehyeh t'a envoyés, et qui t'ont retrouvée entre les flots, et tu leur as alors juré que là où tu trouverais leurs noms, tu ne ferais aucun mal, ni toi, ni aucun autre de ton engeance, ni l'un de tes serviteurs, à quiconque porterait ces noms. Par conséquent, et par les noms des trois anges écrits ici, et par leurs sceaux que tu peux voir ici, je te conjure, toi, et ton engeance et tous tes serviteurs, de ne pas nuire à la femme enceinte [Unetelle fille de Unetelle] et à l'enfant qui lui naîtra. Tu ne lui feras aucun mal, ni le jour ni la nuit, ni en mangeant ni en buvant, ni dans la tête ni dans son cœur et pas davantage dans aucun de ses 248 organes et 365 tendons. Par le pouvoir de ces noms et de ces sceaux, je t'adjure, toi, et ton engeance et tous tes serviteurs ! »

Une liste de soixante-dix anges

Il serait fastidieux de citer les soixante-dix anges de la liste. Elle débute par les quatre fort connus dans la littérature sacrée, Michaël (dont le nom signifie « semblable à Dieu »), Gabriel (« la force de Dieu »), Raphaël (« la guérison de Dieu »), Nouriel (« la lumière de Dieu »). Les noms des anges suivants sont construits sur le même modèle, un attribut suivi de *el*, comme Tzuri'el (« le rocher de Dieu »), Yofi'el (« la beauté de Dieu »), Dani'el (« le jugement de Dieu »), Ra'hemi'el (« la compassion de Dieu »), Sidri'el (l'ordre divin ») et ainsi de suite, l'ensemble pouvant représenter les soixante-dix attributs de Dieu et donc, d'une certaine façon, le nom complet de Dieu.

On a retrouvé de telles amulettes en abondance parmi les 350 000 documents tirés de la célèbre genizah de la synagogue Ben Ezra, au Caire[9], attestant la fonction centrale

---

9 – Au moins un millier de ces amulettes y ont été retrouvées. Dans une synagogue, la genizah est une sorte de grenier où l'on remise des « déchets », dont la présence encombre mais que le respect empêche de détruire, c'est-à-dire les vieux textes. Il s'agit de protéger de la profanation les écrits en langue hébraïque, devenus inutilisables mais susceptibles de contenir le nom de Dieu. On y trouve toutes sortes de textes, des documents administratifs, mais aussi des livres de prière usagés, des manuscrits savants et aussi,

de ces écritures dans les pratiques juives du Moyen-Orient. On y a également trouvé des traités démonologiques et angélologiques fournissant une sorte de mode d'emploi pour leur fabrication, tels *'Harba' de-Mosheh* (« L'Épée de Moïse ») et le *Sepher ha-Razim* (« Le Livre des secrets »), ou encore les *Shimmush Tehillin*, fournissant des indications précises sur l'usage magique des Psaumes[10].

Un même schéma pour toutes les amulettes

Lorsqu'on examine le contenu des amulettes, on est frappé par le fait que, malgré leurs différences, elles respectent toutes

---

bien sûr, de vieilles amulettes. Certaines communautés juives ont cherché à rendre la genizah impénétrable en déposant les vieux écrits dans des pièces dépourvues d'ouverture, à l'exception du trou par lequel les jeter, ou encore en faisant circuler des récits menaçant de punitions surnaturelles le curieux qui s'aventurerait à troubler le repos des vieux manuscrits. Tandis que les genizahs étaient périodiquement vidées, et les textes enterrés, celle de la synagogue Ben Ezra, dans la vieille ville du Caire, est restée inviolée depuis le XIe siècle, moment de sa fondation jusqu'au XIXe siècle. Voir Judith Olszowy-Schlanger, « Les archives médiévales dans la *genizah* du Caire : registres des tribunaux rabbiniques et pratiques d'archivage reconstituées », *Afriques*, vol. 7, juillet 2016.

10 – Voir Emma Abate, « Contrôler les démons. Formules magiques et rituelles dans la tradition juive entre les sources qumrâniennes et la Genizah », *op. cit.*

un même schéma d'ensemble. On distingue deux espaces qui s'opposent, celui où figurent les noms des anges et des entités protectrices et celui des démons. Entre les deux, dans un troisième espace, parfois au centre d'un cercle, on trouve une image ou un symbole. L'image des anges-médecins dans le premier exemple d'amulette contre Lilith, le sceau de Salomon (les deux triangles superposés) au centre d'un dispositif circulaire dans le second (voir page suivante).

La figure centrale est évidemment celle qui attire immédiatement le regard. Dans les deux exemples d'amulette, que ce soit ces images d'oiseaux étranges ou le double triangle, la symbolique reste incompréhensible.

Certains anges ont des noms étranges : Sanoï, Sansenoï et Samenguelof.

Moïse Zacuto[11] a prétendu que ces trois noms contenaient chacun une allusion soit à un verset de la Torah (Exode), soit à un ver du Cantique des cantiques, mentionnant l'utilisation des parfums ou de l'encens. D'où l'idée que ces anges seraient des odeurs, leurs noms renvoyant à des parfums, qui, comme on le sait, sont considérés comme des vents,

---

11 – Moïse ben Mordechaï Zacuto, 1625-1697, kabbaliste célèbre, qui fut, dit-on, durant son enfance, camarade de classe de Baruch Spinoza. Son livre, *Shorshei ha-Shemot*, « Les racines des noms », comporte une multitude d'amulettes.

Amulette contre Lilith, également tirée du Sepher Raziel.
Les noms des anges sont placés dans le cercle, à la suite de la formule habituelle. Ici, leurs noms sont différents. On peut lire : Shamriel, Chésediel et les noms des trois anges-médecins, légèrement modifiés mais reconnaissables : Sanvi, Sasanvi, Samnageleph… et tout au long des branches de l'étoile, les syllabes trilitères du nom ineffable (ABG, YThTs…).

par conséquent des esprits, cette fois bénéfiques. Peut-être ajoutait-on réellement à ces amulettes des parfums, sans doute les encensait-on avant de les installer.

Ces trois noms, inconnus dans la littérature sacrée, n'ont cessé de questionner. D'autres commentateurs les considèrent comme de simples onomatopées, des sons sifflants, destinés à effrayer les démons.

D'autres encore expliquent leur puissance par leur origine étrangère, sans doute perse.

Quoi qu'il en soit, ces noms invraisemblables, qui ne ressemblent en rien aux noms des autres anges, restent comme l'une des énigmes de ces amulettes.

Le nom ineffable de Dieu

Comme je l'ai déjà mentionné, circulent depuis le haut Moyen Âge, tant au Moyen-Orient qu'au Maghreb, des tentatives de reconstituer le nom de Dieu dans sa totalité, c'est-à-dire écrit avec ses 42 ou 72 lettres. Nous le trouvons quelquefois ébauché, jamais complet, sous forme de syllabes de trois lettres dont on ignore la prononciation puisqu'elles sont dépourvues de voyelles, et donc la signification. Ainsi trouve-t-on dans nos deux amulettes, sous la conjuration, dans ce que j'ai considéré être une « formule apotropaïque », les syllabes suivantes : « *VAH, HHA, AA, BB, AW, MAB, AAA* », que les commentateurs s'escriment toujours à décoder.

Dès que l'on en prend connaissance, sautent aux yeux les figures, dessins, schémas qui occupent le centre de l'amulette. À part leur signification symbolique évidente, ils ont pour fonction d'impressionner le naïf mais surtout de tromper le démon qu'on cherche à neutraliser. La figuration surprenante des anges à forme d'oiseaux est censée, comme dans le récit mythique, terroriser Lilith. Le sceau de Salomon de la seconde amulette devrait figer l'ennemi de stupéfaction[12], à l'image de la tête de Gorgone dans la mythologie grecque. Dans d'autres amulettes, on peut trouver, en plein centre, des carrés magiques dont l'addition des chiffres par colonne, par ligne ou par diagonale donne un résultat identique. Là aussi, il s'agit de plonger le démon qui s'aventurerait à les lire dans la plus grande perplexité.

Constance magique des carrés

Si l'on prend, par exemple, le carré magique le plus simple, celui à neuf cases, dont la somme de chaque ligne

12 – Les deux triangles superposés seraient, selon certains commentateurs, le triangle pubien de l'homme sur celui de la femme, mettant en scène un accouplement stylisé.

et de chaque diagonale donne 15, on reste évidemment interloqué par le fait que la disposition des neuf premiers chiffres (de 1 à 9) s'arrange dans ce tableau selon un ordre invisible pour faire apparaître à chaque fois le nombre 15.

Ce chiffre s'appelle justement la « constante magique ».

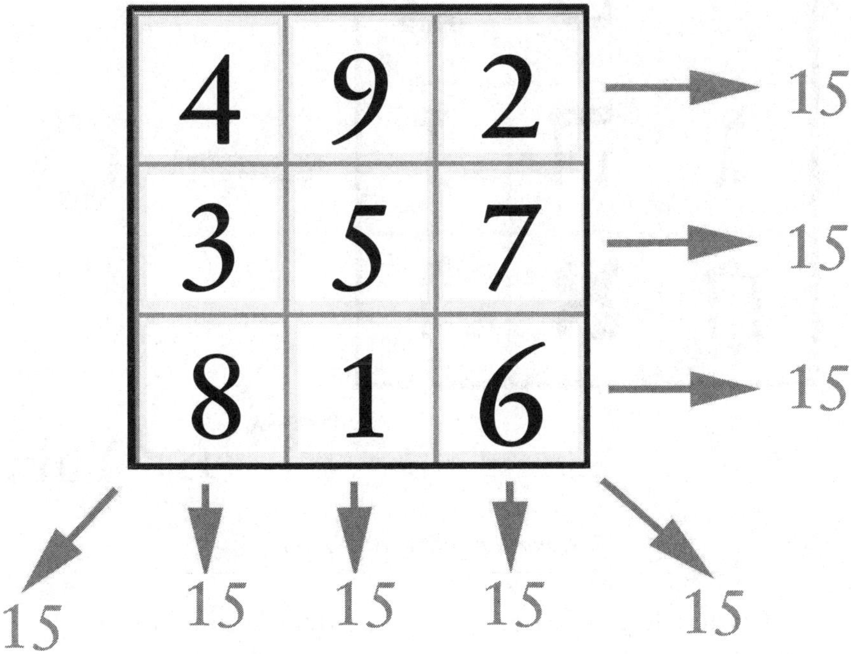

Exemple de carré magique à neuf cases.

Parfois, les chiffres sont remplacés par les lettres qui leur correspondent, selon la formule simple A = 1, B = 2, etc. Ce qui donne, en écriture hébraïque :

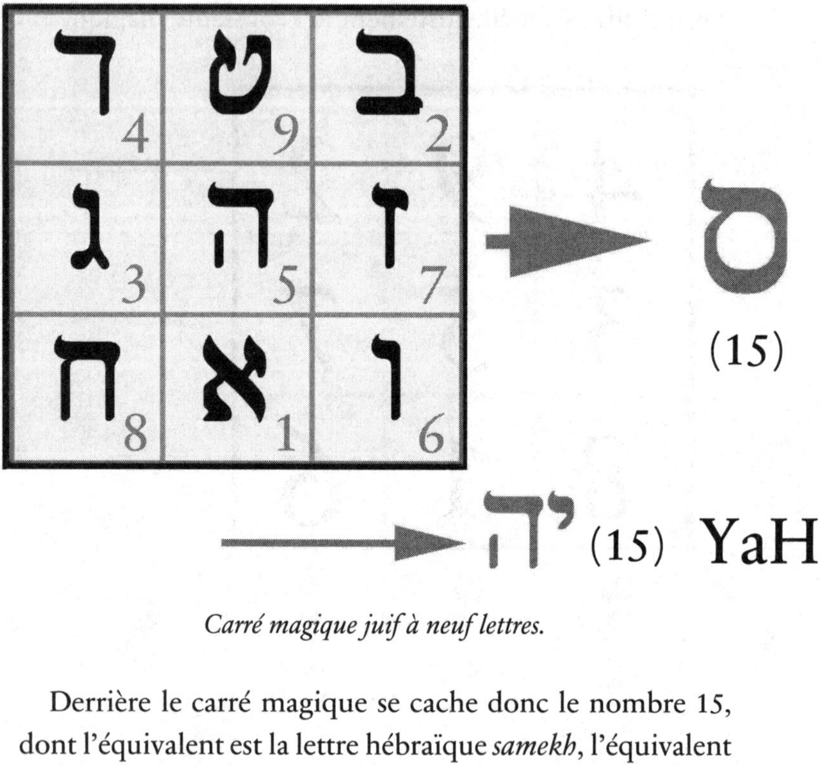

Carré magique juif à neuf lettres.

Derrière le carré magique se cache donc le nombre 15, dont l'équivalent est la lettre hébraïque *samekh*, l'équivalent de notre « s », signe apotropaïque du fait, sans doute, que, en araméen, la signification du mot *samekh* (ס) est « poisson » et que le dessin circulaire de la lettre évoque l'œil du poisson. L'œil du poisson est depuis l'Antiquité une image protectrice, car le poisson, n'ayant pas de paupières, ne ferme jamais les yeux. On transfère donc ainsi la vigilance supposée de l'animal à l'objet protecteur.

Par ailleurs, le nombre 15 est aussi l'équivalent numérique du mot *Yah*, qui s'écrit en hébreu יה (י = 10, ה = 5). Très fréquent dans les amulettes, *Yah* est l'un des noms de Dieu qui se retrouvent dans nombre de noms théophores en hébreu[13].

Le carré magique à neuf cases contiendrait donc secrètement, en son sein, le nom de Dieu. C'est, du moins, l'un des attributs que lui reconnaît Abraham ibn Ezra[14] qui, dit-on, introduisit la science des carrés magiques en Europe, où elle connut un succès considérable durant la Renaissance.

Au centre de l'amulette, le carré semble au premier abord

---

13 – Comme dans Yeshayahou (Isaïe), Yohanan (Jean), Hanania, etc.

14 – Abraham ibn Ezra, Tudèle vers 1092 – Calahorra vers 1167. Érudit juif de l'« âge d'or » espagnol, il fut grammairien, poète, traducteur, philosophe, mathématicien et astronome. On lui doit un commentaire très subtil de certains livres de la Torah ainsi qu'un livre de mystique sur les carrés magiques.

un simple jeu mathématique, mais, sitôt décliné en lettres, on constate alors qu'il s'agit d'un objet apotropaïque en soi.

٤	٩	٢
٣	٥	٧
٨	١	٦

Le même carré magique, cette fois avec des chiffres arabes.
Dans les livres arabes, chaque carré se réfère à un ange.
Celui-ci renvoie à l'ange Izra'il[15].

---

15 – Ce carré se retrouve dans les livres de magie arabe, notamment dans le plus important, *Shams al-Ma'arif* (*Talismans : le Soleil des connaissances*), d'Al-Bûnî, dans la très belle édition en français par Orients Éditions de 2018, sous la direction de Pierre Lory, Jean-Charles Coulon et Saïd Benjelloun, à la page 45. Là, il fait partie des quatre carrés se référant aux quatre anges qui sont un peu différents dans la tradition arabe : Jibril, Mika'il, Israfil et Izra'il. Le carré à neuf cases est réputé être celui d'Izra'il.

On commence à deviner la fonction de l'étrange figure centrale des amulettes. Dessin des anges, sceau de Salomon ou carré magique, il s'agit à chaque fois d'un leurre qui captive le démon par une énigme, le trompant sur la nature de l'objet destiné à le neutraliser ou à le chasser. Il est clair que ces figures constituent des pièges visuels.

Amulettes arabes et carrés magiques

Avant d'être introduits en Europe, les carrés magiques avaient connu un immense succès dans le monde arabo-musulman, qui en a développé de multiples facettes dès le XIIIe siècle. Aujourd'hui encore, les amulettes arabes, qui contiennent souvent des carrés magiques (*jedwel* en arabe), reprennent exactement le même modèle que les amulettes juives. Cette similitude ne devrait pas étonner, car les amulettes sont des objets techniques et, de ce fait, circulent facilement à travers langues et frontières. En cela, elles sont comparables à n'importe quel objet technique, tel qu'un ustensile ménager, un outil agricole ou un moyen de transport.

On retrouve donc ce même carré magique simple, à neuf cases, dans les livres de magie arabe. On remarque que le centre du carré est là aussi occupé par le chiffre 5, qui se dit *khamsa* en arabe – *khamsa*, quintessence, comme on le sait, du signe apotropaïque, puisqu'il symbolise la main, qu'on appelle habituellement « main de Fatma ». On notera que la forme du 5 arabe, un cercle stylisé (٥), correspond grossièrement à celle de la lettre *samekh* en hébreu, et que son nom, *khamsa*, en est une anagramme.

Qu'il s'agisse du nom *Yah* ou de la lettre *samekh* dans les carrés juifs, du chiffre *khamsa* ou du nom *Izra'il* dans les carrés arabes, ou d'autres mots qui y sont cachés, le contenu secret est toujours l'équivalent d'un objet apotropaïque, comme une main de Fatma, un œil de poisson, ou encore, comme chez les Grecs de l'Antiquité, un visage de Gorgone, que l'on brandit devant la face d'un agresseur.

Un vaccin contre le mal

Une amulette est donc construite autour d'un *leurre qui en occupe le centre et en protège l'accès* : figures étranges, noms invraisemblables d'anges, d'êtres ou de lieux, carrés magiques ou encore, parfois, images de labyrinthes inextricables. Par sa présence, ce leurre révèle l'intention de l'amulette. Il s'agit non seulement de protéger l'éventuelle victime, mais de tromper, d'induire la perplexité du démon, qu'il s'agisse de Lilith dans les amulettes juives, d'un démon ou d'un djinn dans les amulettes arabes. Cette centralité du leurre révèle également l'idée que l'on se fait de la psychologie d'un démon.

Si l'on considère la virtuosité intellectuelle mise en œuvre, le démon est manifestement un être intelligent, qui s'empressera de lire ce qu'on y a écrit, attentif à ce qu'on pourrait attendre de lui et friand des messages qu'on pourrait lui adresser.

Loin de l'objet de superstition que l'on décrit habituellement, l'amulette apparaît du coup comme une entreprise intellectuelle sophistiquée destinée à tromper un être qui, quoique démon, est subtil et passionné de logique.

Une amulette est avant tout un objet intelligent! De fait, les amulettes ont mobilisé intelligence et créativité des grands esprits de leur temps pendant plus d'un millénaire.

À mon sens, on ne peut comprendre le fonctionnement des amulettes, destinées tantôt à protéger tantôt à soigner, voire à agresser ceux qu'on considère être les ennemis à l'origine du mal, qu'en les comparant aux objets actifs africains de type *boli* ou *bocio*.

La figure centrale, celle que j'ai définie plus haut comme un leurre, souvent constituée d'images ou de schémas symboliques, doit être considérée comme le *noyau*, l'équivalent du fragment d'os, des cheveux ou des ongles du mort, toujours présents au cœur du *bocio*. Dans les deux cas, il s'agit d'objets terrifiants destinés à éloigner les importuns et à terroriser la cible.

Dans le cas de l'amulette juive étudiée plus haut, c'est le démon qu'on active. On convoque d'abord Lilith, en l'appelant par son nom, en évoquant les motifs de sa chute, son conflit avec Adam, son premier mari, on l'impose comme principal protagoniste du drame en lui opposant les trois anges aux noms étranges. Lilith, jusque-là personnage imaginaire, enfouie dans les replis de récits mythiques, prend vie au moment même où on lui oppose ses antagonistes, les anges et les attributs de Dieu. Dans son célèbre texte l'*Alphabet*, Ben Sira considère que Lilith et les trois anges sont les quatre agents indispensables. « Leurs noms, leurs formes, leurs visages, leurs ailes, leurs mains et leurs pieds » : voilà où réside, d'après lui, la force de l'amulette. En termes plus modernes, on pourrait dire que le noyau de l'amulette est constitué d'un fragment de mal (Lilith) déjà neutralisé par des contre-forces (Sanoï, Sansenoï et Samenguelof). On pourrait même comparer cette séquence au principe du vaccin consistant à inoculer à une personne saine un fragment de virus neutralisé afin de la prémunir contre la maladie. C'est bien une sorte de vaccin qu'on administre en imposant à une femme enceinte, supposée en bonne santé, le port d'une amulette où se trouve invoqué le nom d'une tueuse de parturientes, d'une dévoreuse de nourrissons. Par la suite, on enveloppera ce condensé de forces sous la couverture protectrice d'une multitude d'anges plus conventionnels, et surtout moins ambigus, ainsi que de multiples noms de Dieu. Car on travaille pour le bien et pour la guérison, et non pour seulement activer des êtres invisibles.

La comparaison avec le vaccin est d'autant plus justifiée que la grande majorité des nourrissons ont ainsi été bardés d'amulettes pendant des siècles, voire des millénaires, tout comme nos nourrissons modernes sont vaccinés très tôt après leur naissance.

Quant à la procédure générale, elle est semblable à celle mise en œuvre dans les objets actifs africains. Là aussi, il s'agit d'amalgamer dans un même objet des éléments provenant de plusieurs règnes. Assemblage de noms :

1) noms d'humains susceptibles d'être en souffrance (le commanditaire, la patiente) ;

2) noms d'anges aussi nombreux que complexes, qui renvoient soit à des attributs de Dieu, soit à des actions qu'on leur demande d'accomplir ;

3) noms de démons, parfois aussi nombreux que les anges ;

4) multiples noms de Dieu, ceux connus comme le tétragramme (YHVH), ceux qui apparaissent dans le texte

biblique (Eheyéh, Sebaot, Adonaï...) ou encore des syllabes trilitères constitutives du nom ineffable de Dieu. Tous ces noms sont réunis par la graphie qui peut les assembler soit à la suite, soit par cases, soit de manière circulaire, et toujours répartis autour de l'image centrale, lui dessinant une manière de rempart.

Pour finir, on fermera l'amulette, en la pliant d'abord puis en la dotant, tout comme les *bocio*, d'une enveloppe de tissu ou de cuir. Il faudra encore prononcer sur elle, comme le *bokono* le fait sur le *bocio*, prières et noms sacrés avant de la laisser accomplir sa mission de manière autonome. Car elle est dès lors devenue une sorte d'être vivant.

Un même principe d'amalgame

Différence notable cependant, si les objets actifs africains sont activés par le sang et divers liquides tels que l'alcool et l'huile rouge, les amulettes le sont par l'humeur de la personne à protéger, puisqu'il semble indispensable qu'elles s'imprègnent de son odeur et de sa sueur.

Voici donc la formule, parfaitement comparable à celle des *boli* maliens ou des *bocio* béninois et togolais : *Amalgame autour d'un noyau, enveloppe de l'objet, activation par une humeur et des paroles spécifiques.*

Comme on l'a vu, les amulettes arabes ressemblent beaucoup aux amulettes juives ; les unes et les autres fonctionnent selon le même principe d'amalgame[16]. Toutes deux jouent avec cette caractéristique des écritures sémitiques de se passer des signes diacritiques permettant de noter les voyelles.

Edmond Doutté, remarquable ethnographe ayant travaillé sur les questions de magie arabe au début du xxe siècle, a récolté des dizaines d'amulettes en milieu algérien, tant arabe que kabyle. Ses interprétations semblent naïves, imprégnées d'idées évolutionnistes empruntées aux anthropologues d'alors, tel James George Frazer. Mais lui aussi notait la fonction d'amalgame des amulettes. Il énumère ainsi les différents éléments qui les constituent :

1) des caractères incompréhensibles, signes ou sceaux mystérieux ;

2) des lettres isolées de l'alphabet selon le principe, très répandu dans les alphabets sémitiques, que les lettres sont des êtres à part entière ;

3) des chiffres et des nombres ;

---

16 – D'où la formule ayant valeur générale : il n'y a aucun racisme, aucune xénophobie, en matière de magie. Pour preuve la similarité des textes de kabbale pratique (juive), de soufisme magique (musulman) et de magie chrétienne durant les périodes médiévales.

4) des noms réputés dotés de pouvoir, tel celui du roi Salomon (Suleyman en arabe);

5) des jours de la semaine;

6) des noms d'anges et de démons, connus ou inconnus;

7) les différents noms de Dieu (au moins 99 dans le Coran);

8) des versets du Coran.

Pour les assembler, il fait référence au célèbre tableau des correspondances, tel qu'il figure dans *Talismans: le Soleil des connaissances*, d'Al-Bûnî.

Voici le tableau, quelque peu explicité, à lire de droite à gauche.

Un tel tableau[17] constitue probablement une sorte de *vade-mecum* pour le lettré s'attelant à la confection d'une amulette[18]. S'il connaît évidemment la structure générale de l'objet, il devra en adapter le contenu pour le faire correspondre au bénéficiaire. Il trouve les pistes de cette

---

17 – Edmond Doutté, *Magie et religion dans l'Afrique du Nord*, texte de 1908, Paris, Maisonneuve et Geuthner, 1984. Le tableau se trouve p. 154.

18 – « Nous les avons posées ici, organisées, avec leurs lettres, leurs noms, leurs figures, leurs jours, leurs serviteurs, leurs natures, dans un tableau de sept cases de côté. Connais-le et décris-le. Tu seras bienheureux grâce à lui. » Al-Bûnî, *Shams al Ma'arif*, *op. cit.*, p. 14.

Le noyau
de l’amulette,
comme le vaccin,
est constitué
d’un fragment
de mal.

adaptation dans ce type de tableaux qui lui indiquent les mots, les noms qu'il peut choisir…

Selon le jour de la semaine, selon les lettres constituant le nom du demandeur, selon les anges qu'il a l'habitude d'invoquer…, ce tableau lui indique aussi les sourates du Coran où il est susceptible de trouver des formules, ainsi que le nom des djinns dont il doit se défendre et ceux auxquels il peut demander de l'aide.

Ce tableau, tiré, comme nombre de recettes d'amulettes, du célèbre livre d'Al-Bûnî, *Shams al Ma'arif: le Soleil des connaissances*, a été complété et complexifié par 'Abd al-Rahman al-Bistami, qui lui a ajouté de nouvelles lignes pour y intégrer les pierres (jais, cornaline, améthyste, jade…), les couleurs, les types d'humains respectables (cheikhs, savants, sultans, vizirs…), les encres dans lesquelles écrire l'amulette (encre de suie, eau d'or, de talc ou d'argent…), les étoffes dans lesquelles l'envelopper (laine, soie, coton, lin, poils de chèvre ou de chameau…), les métaux sur lesquels la graver (or, cuivre, fer, plomb…), les animaux à sacrifier pour lui ouvrir le chemin (mouton, chèvre, mais aussi antilope, cheval ou même lion[19]…).

---

19 – Ahmad ibn 'Ali al-Bûnî, dont on ne connaît pas la date de naissance, mort à Annaba, l'actuelle Algérie, en 1225, mathématicien, philosophe, soufi et écrivain, qui a emprunté à la…

ز zin	خ kha	ظ z'â	ث thâ	ش chin	ج djim	ف fa
zaki زكي pur	*khabir* خبير omniscient	*zahir* ظهير secourable	*thabit* ثابت L'étant	*shahid* شكور témoin	*djabbar* جبار puissant	*fard* فرد unique
كسفيايل	عنيايل	صرفيايل	ميكايل	سمسمايل	جبرايل	روفيايل
ميمون	ابيض	شمهورش	برفان	احمر	مرة	مذهب
السبت samedi	الجمعة vendredi	الخميس jeudi	الاربعاء mercredi	الثلاثاء mardi	الاثنين lundi	الاحد dimanche
زحل	زهرة	مشتري	عطارد	مريخ	قمر	شمس

Tableau de classification des 7 sceaux, tiré d'Edmond Doutté (1908),
qui l'a sans doute adapté à partir du fameux texte d'Al Bûnî.

Première ligne, les 7 sceaux : une étoile à 5 branches, 3 traits verticaux et un horizontal, un Mîm, une échelle, 4 traits verticaux, un Hâ, un Waw.

Deuxième ligne, les 7 lettres qui ne figurent pas dans les 7 versets de la Fati'ha (lettres tombées de la sourate liminaire).

Troisième ligne, les 7 attributs de Dieu débutant par ces lettres.

Quatrième ligne, les 7 anges correspondant : Rouquiail, Djebriail, Semsemail, Mikhail, çerfail, 'Aniail, Kesfiail.

Cinquième ligne, les 7 rois des djinns : Moudahab, Merra, A'hmar, Borqân, Chamharoche, Abyad, Maymoun.

Sixième ligne, les 7 jours de la semaine.

Septième ligne, les 7 planètes : Chems (soleil), Qamar (lune), Mirrikh (Mars), 'Outarid (Mercure), Mouchtari (Jupiter), Zohra (Vénus), Zouhal (Saturne).

Bref, le clinicien – ici le fabricant d'amulette – se trouve à la tête d'un véritable arsenal de noms, qu'il peut associer à des jours de la semaine, des planètes, des pierres, des métaux, des encres, des substances… dans lesquels il pourra puiser selon son inspiration.

Les objets actifs et les amulettes sont les limites du clinicien formé aux écoles d'Occident, à la psychologie et à la psychiatrie savante. Si ces cliniciens reçoivent, comme beaucoup d'entre nous aujourd'hui, des patients provenant de mondes éloignés – d'Afrique, d'Inde, d'Amérique du Sud ou des îles du Pacifique –, ils ne peuvent que constater l'importance de ces objets, dans leur pensée, dans leurs paroles, dans

---

…kabbale juive la magie des lettres et leur équivalent numérique. Comme les savants de son temps, il a circulé entre les grands centres de pensée. Il a notamment longuement séjourné en Égypte. Al-Bûnî est resté dans les mémoires par son livre magistral intitulé *Shams al-Ma'arif* (*Talismans: le Soleil des connaissances*), qui est encore considéré comme le principal manuel de fabrication d'amulettes arabes. Peu de temps après sa publication, ce livre sera considéré comme hérétique et interdit par les autorités religieuses. 'Abd al-Rahman al-Bistami (mort en 1454), maître soufi iranien, est connu pour sa maîtrise des noms de Dieu et leur utilisation dans les amulettes. Voir Jean-Charles Coulon, « Fumigations et rituels magiques. Le rôle des encens et fumigations dans la magie arabe médiévale », *Bulletin d'Études orientales*, vol. 64, 2016, p. 179-248. On peut lire la traduction du livre d'Al-Bûnî en français chez Orients Éditions, 2018.

leur environnement. Pour ses patients, de tels objets sont souvent à l'origine de leur mal, et ils placent en eux l'espoir d'une guérison définitive. Pourtant, dans les théories que ces cliniciens ont apprises, auxquelles ils accordent leur confiance, il n'est aucune place pour ces objets. À peine connaissent-ils leur existence. Souvent, ils ne soupçonnent ni leur complexité ni leurs effets.

'Hijab, mot arabe, dans son sens premier « enveloppe », « membrane », en est venu à désigner tant le voile dont se recouvrent les femmes pieuses en terre d'islam que les amulettes qu'on porte sur soi pour se protéger de l'œil (*el 'aïn*) ou des maléfices (*s'hour*[20]). *C'est que la fonction que l'on attribue aux amulettes est d'entourer la personne qui en bénéficie d'une membrane invisible qui, telle la membrane amniotique pour le nouveau-né, lui assure un monde intérieur apaisé et une protection contre les agressions du monde. Ma'hjoub*, qui dérive de *'hijab*, signifie « protégé », ce qui a donné un prénom, surtout utilisé au féminin, *ma'hjouba*. Il est justement donné aux personnes « nées coiffées », c'est-à-dire avec un morceau de membrane amniotique sur le cuir chevelu. On suppose que ces enfants sont nés protégés, sans doute par Dieu ou par un saint.

---

20 – J'ai développé cette similitude entre le voile et l'amulette dans Tobie Nathan, *Les Âmes errantes*, *op. cit*.

Modernité des objets actifs

Si l'on peut imaginer que les amulettes résultent, au moins pour une part, d'une évolution des objets actifs de type *boli* ou *bocio*[21], dans les aires culturelles où les deux coexistent, en Afrique de l'Ouest et en Afrique centrale, par exemple, tous ces objets actifs constituent un immense réseau, un champ de forces réputées puissantes, invisibles, qui quadrillent le monde social à l'insu des humains. Il s'en dégage l'idée d'un univers en deux parties, l'une invisible où de telles forces s'agitent, se combattent, s'équilibrent, et une autre, visible, où circulent des humains, innocents pantins,

21 – Ce qui n'est vrai qu'en partie puisque, en certains lieux, notamment en Afrique, on les voit cohabiter en grand nombre – objets actifs, dans des lieux consacrés ou cachés à la vue, quelquefois portés sur soi, comme une amulette, mais aussi talismans divers, constitués de textes lorsqu'ils sont fabriqués par un guérisseur musulman ; de poudres et de plantes, chez les animistes.

agités au gré des événements par telle ou telle puissance. Là, bonheur et malheur, chance et malchance, santé et maladie, résultent de l'action des forces invisibles sur les hommes. Dans un tel monde, le travail du thérapeute consiste, non pas à agir sur les humains, mais à repérer les objets, identifier les puissances actives et, toujours, fabriquer un nouvel objet qui ira occuper une place dans l'immense réseau des objets, modifiant les polarités au bénéfice du demandeur, du patient… Bonheur d'une telle théorie qui tient compte de manière obligée des tensions familiales et sociales dans lesquelles s'inscrit le demandeur.

Le seul fait d'intervenir donne réalité et consistance au champ de forces qui entoure le patient. Chaque thérapeute qui diagnostique, qui fabrique un objet ou une amulette, qui l'active en priant ou en faisant des libations, contribue à enrichir le réseau. Là, il n'existe ni bon ni mauvais objet – le bon objet de l'un pourrait se révéler un très mauvais objet pour l'autre; cette amulette destinée à protéger la femme peut attaquer le mari ou le voisin; ce *bocio* placé là pour protéger des sacs de ciment peut s'en prendre au passant qui a jeté sur la construction un œil envieux.

Encore une fois, il ne s'agit pas de savoir si ces objets sont efficaces, s'ils agissent conformément à la théorie de ceux qui les fabriquent, mais de constater leur existence, leur organisation de fait en réseau, leur pression sur les humains qu'ils contraignent à se protéger, à se défendre, à fabriquer de nouveaux objets, qui iront enrichir le réseau…

Alain Epelboin a ramassé une quantité extraordinaire de ces objets, trouvés pour la plupart dans les décharges à ordures de Dakar, où ils aboutissent lorsque leurs propriétaires sont décédés et que leurs descendants ne savent plus que faire de leurs gris-gris, de leurs protections. Il a présenté ses collections dans des expositions et des colloques et a publié leurs photographies. On peut y voir des amulettes de toutes sortes, des petits objets de cuir à porter dans la poche, en ceinture, en bracelet, des cadenas magiques, des bouteilles pleines de mystérieux liquides, des cornes de bélier « chargées », des vêtements bardés d'amulettes, de cauris et de miroirs, mais aussi des objets modernes traités de la même manière, des clés USB, des coques de smartphone[22]…

Un tel monde est placé sous le signe de la complexité et de l'intelligence et non pas, comme on l'a si souvent répété, de la croyance naïve – intelligence des situations, complexité des objets, virtuosité technique des fabricants d'objets… On comprend pourquoi ces objets ont passionné les différentes

---

22 – Voir Alain Epelboin, *Amulettes et objets magiques du Musée de l'Homme collectés dans les ordures du Sénégal*, *op. cit.*

civilisations où ils se sont épanouis : égyptienne, perse, babylonienne, grecque, romaine de l'Antiquité... En Occident, le Moyen Âge puis la Renaissance ont été passionnés par l'existence d'un univers secret d'objets actifs, passant de la fascination à la condamnation pour hérésie. Car il transparaît de ce monde une idée puissante, étrangement moderne, dont on ne devine l'importance qu'aujourd'hui – *l'idée que puissance et intelligence ne se trouvent pas dans les humains mais dans les objets.*

On pourrait même résumer la théorie implicite de ces mondes complexes par la formule suivante : *Il n'y a rien dans nos cerveaux, sinon des procédures ; tout se trouve dans nos objets manufacturés.* C'est à la fois la plus grande de nos richesses, qui nous permet de nous adapter à une multitude de mondes ; c'est aussi notre fragilité, car sans les objets, nous ne sommes plus rien.

Fétiche et smartphone

Si le monde moderne s'est moqué des fétiches, c'était peut-être pour ne pas voir sa propre dépendance vis-à-vis des objets techniques. Car la modernité est placée, bien plus que les mondes anciens, sous le règne des objets, de leur puissance, de leur permanente action sur les humains.

Si le monde moderne s’est moqué des fétiches, c’était peut-être pour ne pas voir sa propre dépendance vis-à-vis des objets techniques.

Peut-être la modernité a-t-elle rendu cette omniprésence plus technique, mais aussi plus prégnante, plus foisonnante.

Naguère, dans notre monde, lorsqu'on voyait une personne qui parlait seule, on la pensait victime d'hallucinations. Les psys la disaient même « dissociée », c'est-à-dire que, incapable de prendre conscience que les voix émanaient d'elle-même, de sa propre pensée, elle s'acharnait à leur répondre. J'ai toujours trouvé cette conception absurde ! Ce n'est pas parce qu'on ne voit pas l'interlocuteur qu'il n'existe pas. Nul ne parle seul ; pas davantage les fous que n'importe qui... Mais c'était ainsi ! C'est ce que l'on m'a enseigné durant mes études.

Depuis une dizaine d'années, les choses ont changé. Quelqu'un qui parle seul ne fait plus peur. On cherche instinctivement où se cache le micro du smartphone. On a enfin compris qu'entendre des voix, c'est entrer en relation avec quelqu'un, même dans un smartphone, et même si on ne voit pas l'objet...

Car la pratique universelle du smartphone a habitué chacun à converser sans cesse avec des interlocuteurs invisibles. Du coup, la principale question s'est déplacée ; elle ne réside plus dans le fait de parler seul, mais bien dans l'identification de l'interlocuteur. Qui vient interrompre le déroulement de notre quotidien ? Qui vient ainsi obliger notre attention ?

À ces questions, c'est l'objet lui-même qui fournit la réponse, qui accomplit le travail d'identification. Le smartphone affichera son nom, peut-être sa photo – certains, bien programmés, lui attribueront même une sonnerie-devise, permettant de le reconnaître avant de l'entendre, avant même d'apercevoir son nom ou son image sur l'écran.

La comparaison est évidente. Dans bien des cultures traditionnelles, on considère que des invisibles peuvent interpeller les humains. Ils les effraient, les secouent – quelquefois, ils les font même tomber en transe pour les « sonner ». En ce cas, on demandera aussi à un objet d'identifier l'interlocuteur invisible. Devant quelqu'un qui est ainsi « appelé », on pourra poser la question au fétiche… Mais pour que l'objet puisse délivrer sa réponse, il faut au préalable le « nourrir », de breuvages, de boissons sucrées, de vin de palme, d'alcool blanc, du sang d'un animal… Dans ces mondes, on dit qu'il faut « charger » l'objet… Le jeu de mots s'impose : nous aussi, nous devons « recharger » notre smartphone, à ceci près que, dans le cas du fétiche, il ne s'agit pas d'électricité.

Au fétiche des mondes traditionnels, on demande la même chose qu'au smartphone de notre modernité : de reconnaître pour nous la présence d'un invisible. Et dans les deux cas, la capacité de discernement, l'intelligence du monde, est entièrement contenue dans la chose. Cette chose est vivante, perspicace, efficiente. Le tout est de savoir l'interroger, à condition, bien sûr, de ne pas avoir oublié de l'alimenter.

La différence est peut-être que le smartphone est encore plus répandu que les gris-gris. Chacun en a un dans sa poche – en France, il en existe 64,70 millions, ce qui représente 99 % de la population, 5 milliards d'utilisateurs dans le monde.

Smartphone, le bien nommé, ce téléphone qui contient l'intelligence pratique qui nous permet d'interroger le monde, qui stockera peut-être bientôt la totalité de notre mémoire[23]...

Rabbins guérisseurs de New York et Paris

Au décours de ce long raisonnement que penser, sinon que la fabrication d'une amulette par un professionnel, à condition qu'il respecte les règles, qu'il n'oublie ni les divinités ni

---

23 – D'ailleurs, les usagers ne s'y sont pas trompés. À la question « Quelle est l'invention du siècle qui va ? », posée par l'organisme gouvernemental YouGov, au Royaume-Uni, 55 % des sondés ont répondu : le smartphone ; suivi de l'Ipad, 25 % ; de Facebook, 20 % ; de Skype, 20 % ; du cloud, 14 % ; de Wikipédia, 12 % ; etc. (https://fr.statista.com/infographie/4312/le-smartphone-la-plus-grande-invention-du-21eme-siecle/).

les puissances, est un exercice d'intelligence. Il doit, comme je l'ai dit, saisir la question du patient au plus profond, l'inscrire dans un réseau de forces et apporter une réponse sous forme d'un objet. Exercice alliant la patience de l'écoute, la pertinence de l'analyse et l'habileté à manier les textes traditionnels. D'ailleurs, les patients ne s'y trompent pas qui ne se sont jamais détournés des fabricants d'amulettes.

Pour ne prendre que le seul exemple juif, les rabbins guérisseurs, en pleine modernité, dans les faubourgs des grandes villes israéliennes[24], tout comme dans les quartiers juifs de Paris ou de New York[25], ont des milliers de « clients » se pressant en longues files afin d'obtenir une amulette, une parole ou une bénédiction. J'ai moi-même eu l'occasion de voir la foule chez le rav Pinto à Paris, dans le XIXe arrondissement, dans son appartement du quartier

---

24 – Analyse détaillée de la pratique d'un tel guérisseur dans Henny Wexler, Tobie Nathan et Peter David, « Tohu wa vohu. Réflexions ethnopsychanalytiques sur la technique d'un guérisseur yéménite en Israël », *Nouvelle Revue d'ethnopsychiatrie*, n° 31, p. 13-34, Grenoble, La Pensée sauvage, 1996. Voir aussi Yoram Bilu, « Reconfigurer le sacré : le culte des saints juifs marocains en Israël », *Archives juives*, vol. 38, n° 2, 2005, p. 103-123.

25 – Comme le plus fameux d'entre eux, Menachem Mendel Schneerson, le rabbi de Loubavitch, qu'on appelait simplement par son titre : « le rabbi ».

des Buttes-Chaumont. Il accordait quelques minutes à chacun, à chacune, suffisamment pour fabriquer une petite amulette, quelques mots griffonnés en hébreu sur un vieux papier journal.

Le rav Pinto, tout comme le rabbi Baba Salé[26], ou le rabbi de Loubavitch, sont des descendants de longues lignées de rabbins kabbalistes, connus pour leur piété et leur maîtrise des procédures de guérison. On les consulte pour leur sagesse, leur réputation, mais aussi parce qu'on pense que la faculté de guérir se transmet à travers les générations.

Une lignée de rabbins

Je me suis toujours demandé pour quelle raison la longue lignée de rabbins dont je suis issu s'est interrompue à la génération du père de mon grand-père, il y a cent quarante ans. Il faut dire que son père, le dernier d'entre eux, le grand-père de mon grand-père, a été le plus prestigieux de tous. Il fut même grand rabbin d'Égypte, de 1866 à 1884, du temps des khédives sous l'Empire ottoman. Est-ce

---

26 – Rabbi Israël Abouhatsera (1889-1984), plus connu sous le nom de Sidna Ribbi Baba Salé, « notre maître le rabbi Baba Salé », descend en droite ligne d'un kabbaliste, Shmouel Abouhatsera, qui a étudié à Safed auprès de Haïm Vital lui-même.

Le rabbi Yom-Tov Israël Cherezli
(1821-1891), grand-père
de mon grand-père, grand rabbin
d'Égypte de 1866 à 1884. La lignée
de rabbins de notre famille
s'est interrompue avec lui.

à dire que, ayant atteint au plus haut, aucun successeur n'aurait pu le dépasser? Je sais seulement que ses fils ont abandonné la religion pour se lancer dans la finance, avec des succès très relatifs, si bien que du temps de la génération de mes parents, il ne restait plus rien de la splendeur d'antan. Désigné par ce qu'on appelait un «firman», un décret du sultan de Constantinople, le grand rabbin avait la charge de la communauté juive d'Égypte, qu'il administrait et qu'il représentait au parlement égyptien. C'était à la fois un homme de savoir et un être politique.

Sa petite sœur Bida, de vingt ans sa cadette, a épousé Joseph Cattaoui, qui était parti faire ses études à Paris, d'où il était revenu diplômé de l'École centrale. Joseph Cattaoui fut un homme d'affaires prospère et occupa par la suite des postes importants dans le gouvernement, devenant ministre à deux reprises du temps du roi Fouad et membre permanent du Sénat égyptien. Il fut un moment de l'histoire où les membres de la communauté juive faisaient partie intégrante de la société égyptienne!

Par un hasard de l'histoire, j'ai reçu à ma naissance le prénom du rabbi. En vérité, je m'appelle Yom-Tov[27],

---

27 – Dans *Ethno-Roman*, *op. cit.*, j'ai relaté dans quelles conditions, quelque peu étranges, j'ai reçu ce prénom.

dont le diminutif a donné mon prénom usuel : Tobie. Et, dans le milieu où j'ai passé mes premières années, encore imprégné des traditions anciennes, l'identification d'un enfant à son homonyme était sans cesse encouragée par mille remarques des adultes. « Il a les yeux du grand-père, regarde ! »... « Oh ! comme il s'intéresse aux livres, on dirait le rabbi Yom-Tov »... Plus même, alors que je n'avais pas plus de 4 ou 5 ans, mes grands-tantes m'appelaient Geddi, « grand-père », puisque je portais le prénom de leur grand-père. Et elles le faisaient encore lorsque j'étais jeune adulte, jusqu'à leur décès. Elles ne croyaient pas à la réincarnation, pourtant, c'était seulement une marque de respect. J'étais en quelque sorte une épitaphe vivante, une stèle destinée à évoquer le souvenir de l'ancêtre. Mais cette évocation n'était pas triste, bien au contraire. Les vieilles tantes en riaient. Pour elles, c'était aussi un jeu. Il m'a fallu du temps, quelques décennies, pour m'intéresser vraiment au rabbi, mon ancêtre, à ses qualités propres, ses réalisations. J'ai attendu avant de connaître sa vie, avant de découvrir ses ouvrages écrits en hébreu. Mais les documents sont rares et les témoignages évanouis avec la mort des plus anciens. Je n'ai jamais su si le prestigieux rabbi, à qui l'on prêtait un extraordinaire pouvoir d'influence, lui aussi fabriquait des amulettes.

Élisabeth : après la psychanalyse, l'amulette

Le souvenir du rabbi est évidemment revenu à ma mémoire lorsque Élisabeth, une belle femme d'une cinquantaine d'années, m'a soumis une demande pour le moins inhabituelle…

Élisabeth exerce une profession libérale hautement technique. Née en France dans les années 1970 dans une famille juive d'Égypte ayant émigré en 1957, elle s'est hissée à la force de son intelligence. Durant ses études, elle a toujours été étonnamment brillante. Le bac avant 16 ans, son troisième cycle achevé à 22 ans, diplôme en poche, elle a d'abord travaillé dans une entreprise. Elle s'adonnait alors à ce qu'elle préférait par-dessus tout : la recherche. Les yeux clairs, on la disait belle comme un cœur. Enfant chérie de sa mère, surprotégée durant son enfance et toute sa scolarité, son intelligence avait explosé en un feu d'artifice. Mais à la mort de son père, affaibli par les drames de l'émigration, c'est comme si elle s'était soudain retrouvée sans protection. Jusque-là elle pouvait se permettre de se concentrer sur son seul travail intellectuel, entourée par sa famille, adorée par sa mère, protégée par ses frères, sous l'autorité du patriarche bienveillant. Et puis la famille s'est effondrée. Sa mère a sombré dans la dépression, ses frères se sont éloignés. Elle ressentait une tristesse immense, comme elle n'en avait jamais connu. Élisabeth est alors passée sans transition de petite merveille de ses parents à épouse d'un homme autoritaire, brutal et jaloux. Il la voulait à la maison pour s'occuper des enfants et du ménage. Il l'a coupée de ses recherches qui étaient le moteur de ses pensées, sa raison de vivre. Il la soupçonnait de le tromper au premier regard que lui lançait un homme, à la moindre parole qui pouvait prêter à interprétation. Il l'a enfermée chez elle. Elle a pris sur elle, se laissant convaincre qu'elle était responsable de la mésentente du couple. Elle a commencé une psychanalyse qui a duré huit ans. Elle y a puisé la force de demander le divorce. Mais le mari s'y est opposé. Elle s'est séparée de lui, malgré tout, renonçant à tous ses biens, l'appartement, le petit pécule qu'ils avaient réussi à épargner. Courageusement, elle s'est occupée de ses enfants tout en se remettant au travail. Mais les enfants ont commencé à poser des problèmes. Elle a perdu un premier emploi, puis un second. Quand elle est venue me voir, elle n'avait plus rien. Elle se plaignait du sort qui s'était retourné contre elle. Est-ce que je pouvais agir contre le sort ?

Elle m'a demandé de fabriquer une amulette.

Je dois dire que je comprenais sa demande. S'embarquer dans une nouvelle psychothérapie aurait été reconnaître qu'elle se trouvait à l'origine des désordres qui l'accablaient. Si ses huit ans de psychanalyse lui avaient apporté quelque chose, c'était bien d'avoir compris qu'elle était victime et non coupable des maux qui l'accablaient. D'après ce qu'elle m'a raconté, sa psychanalyste avait à plusieurs reprises attiré son attention sur le caractère pervers des actions que son mari menait contre elle et lui avait laissé entendre qu'elle y contribuait indirectement par sa passivité. Et de cette passivité, elle n'en voulait plus ! Mais il n'y avait pas que lui ! Depuis leur séparation, ses relations affectives étaient un désert. Et voilà que maintenant son monde professionnel s'effondrait à son tour. Sa conviction, tout comme celle de son entourage, était que le sort s'acharnait contre elle. Allait-elle continuer à supporter passivement son destin ? Il lui fallait répondre ; il lui fallait agir. Et une amulette représentait pour elle la meilleure façon de le faire, à la fois action sur le monde – et non plus sur elle seule – et action conforme aux traditions de sa famille, fussent-elles oubliées depuis deux générations. Mais pourquoi adresser une telle demande à un psy ? Pourquoi pas à un rabbin, ou même un marabout ?

À ce moment-là, je ne savais pas si c'était seulement une patiente qui était venue vers moi ou si c'était mon grand-père, le prestigieux rabbi, qui exigeait une reconnaissance, une manière d'acte de dévotion.

Le rabbi Yom-Tov Israël Cherezli, grand-père de mon grand-père, est décédé le 17 août 1891 à Jérusalem. Il a été enterré dans le cimetière du mont des Oliviers. En 2005, j'ai parcouru l'immense cimetière, cherchant vainement sa tombe un après-midi durant.

Par la suite, la vieille tombe a été retrouvée et elle a été reconstruite. Depuis 2013, la famille israélienne a pris l'habitude d'y célébrer sa mémoire en y prononçant des prières le jour anniversaire de sa mort.

Quant à moi, je ne m'y suis jamais rendu.

Les ancêtres

Georges Devereux, mon maître

Dans les mondes traditionnels, la thérapie est très souvent affaire d'hérédité. En Afrique, tout comme chez les rabbis juifs, il existe des généalogies de guérisseurs qui transmettent leur savoir – leur savoir-faire, surtout –, de père en fils, de génération en génération. Dans les mondes modernes, l'apprentissage n'a plus, en principe, aucun lien fonctionnel avec l'hérédité. Il n'en reste pas moins que le métier de thérapeute génère, par une nécessité interne, des généalogies professionnelles, comme si le fait de soigner, de s'arroger le droit d'intervenir sur le destin des personnes, contraignait à se raccrocher à des figures d'ancêtres. Comme si un thérapeute ne pouvait soigner que sous le regard de ses maîtres.

Georges Devereux a été mon maître.

Pourtant, en matière de thérapie, il ne m'a rien enseigné, dans le sens où il m'aurait transmis des connaissances indispensables à mon travail de thérapeute. Passionné par les grandes théories, l'épistémologie, la philosophie des sciences, il parlait très peu de clinique. Et lorsqu'il évoquait sa pratique – relativement brève du reste, sept ans d'apprentissage à la Menninger Clinic de Topeka et quelques années comme psychologue à New York, avant d'enseigner l'ethnopsychiatrie à Paris, où il n'a plus jamais pratiqué la psychanalyse –, c'était à travers de petites vignettes mentionnant tel ou tel patient, et toujours pour illustrer un point de théorie. Le seul cas véritablement développé, puisqu'il a livré le compte rendu de sa psychothérapie séance après séance, est celui de Jimmy Picard, l'Indien Blackfoot[1], son premier cas, son premier patient.

Le maître n'est pas un professeur. Ce n'est pas par son enseignement qu'il s'impose au disciple, mais par son être !

La totalité du maître se trouve dans son caractère. Par sa manière, le maître s'infiltre tout entier jusqu'au noyau de son élève ; jusqu'à devenir une instance de sa personne.

Aujourd'hui, lorsque je repense aux explications, aux théories qu'il enseignait, je constate qu'elles sont devenues une part de moi-même, banales, pour ainsi dire, comme des maximes. Et lorsque je relis l'un de ses textes, j'y reconnais

---

1 – Rapporté dans Georges Devereux, *Psychothérapie d'un Indien des Plaines*, *op. cit.*

les questions qui m'habitent toujours. Pourtant, la plupart du temps, je ne partage pas les réponses qu'il a données. Un maître est l'inverse d'un professeur… Il installe des questions à demeure – pas des réponses ! –, des questions qui resteront sans doute, la vie durant, des clés pour le monde. C'est ainsi que je comprends la devise talmudique célèbre : *'Assé lekha rav*, « Trouve-toi un maître[2] », à laquelle on pourrait ajouter : « car son existence décidera de la forme que prendra ta vie »… Si le maître instruit, c'est en enfouissant aux endroits les plus inattendus de la personnalité de l'élève des questions dont il ne pourra plus se défaire.

Des secrets connus de tous

Son être est toujours là, en moi, comme au premier jour. Son accent, hongrois, avec ce timbre grave, comme un accompagnement de basses, et sa façon nasillarde de prononcer les noms propres, à l'américaine. Je l'ai entendue dernièrement, cette voix, lors de la rediffusion d'une émission de radio enregistrée en 1982, et j'ai sursauté, comme lorsqu'on aperçoit dans le monde une personne, un objet, que l'on sait faire partie de son intimité, comme devant une apparition,

2 – Qu'on pourrait aussi traduire par « Fabrique-toi un maître ».

un fantôme. Je pense aussi souvent à ses secrets, que tous connaissaient mais dont personne ne parlait…, et avant tout sa passion débridée pour les femmes. Étrange passion qui le faisait parler, s'agiter, plaisanter… On aurait dit qu'il les voulait toutes ! Mais ses relations amoureuses ne duraient guère et finissaient souvent en rupture conflictuelle. Aux États-Unis, il s'était marié à six reprises, et j'ai entendu dire qu'il s'épuisait à payer les pensions alimentaires. En France, depuis que Jane, sa dernière femme, l'avait quitté, il faisait feu de tout bois. De ses passions vite enflammées aussitôt éteintes, je n'en connaissais que des bribes, par les confidences éplorées de celles qui n'acceptaient pas de se faire évincer après quelques heures ou quelques jours d'amour fou. Car il s'agissait toujours d'amour ! Devereux n'était pas un don juan, mais un amoureux perpétuel, un amoureux en stase, en puissance, qui s'offrait au tout-venant – à la « toute-venante », plutôt – et se refusait toujours. Et une fois qu'il les avait quittées, il ne voulait plus en entendre parler, craignant qu'elles ne l'assaillissent de demandes. Et là aussi, je percevais dans ce comportement amoureux erratique qu'il dissimulait maladroitement une question fondamentale que je ne saisissais pas.

Pour la plupart d'entre nous, ses étudiants, psychiatres ou psychologues, il était clair que ce même scénario qui se répétait à l'identique, signait le désordre. Nous le savions, c'était même la première chose qu'on apprenait en clinique psychanalytique : le secret de la pathologie, c'est la répétition. Certains s'aventuraient au diagnostic psy, je ne l'ai jamais fait, n'y ai même jamais pensé. Car à ne considérer que son comportement, on ne voyait qu'une face de la médaille. J'en avais l'intuition à l'époque, j'en suis persuadé aujourd'hui : les errances sensuelles étaient pour lui la condition d'un fonctionnement mental exceptionnel, comme si l'inquiétant désordre de l'affect engendrait la rigueur absolue du raisonnement. Car Georges Devereux, au-delà de son érudition, considérable, était animé par une redoutable machine d'« intelligence absolue », comme on parle d'« oreille absolue ». Il comprenait tout, très vite, même ce qu'il ne connaissait pas, et défrichait le problème avant même que vous n'ayez eu l'intuition de son existence. Il y avait donc, chez lui, le côté pile, cette perpétuelle passion amoureuse à la recherche de son objet, et le côté face, l'irremplaçable créativité intellectuelle.

Un jour, il nous l'a quelque peu avoué, du reste, mais à sa façon, ambiguë, codée. Freud pensait que tous les créateurs avaient une vie sexuelle intense, qui était la condition de possibilité de leur art. Mais Freud ajoutait aussitôt, en pensant sans doute à lui-même : « Sauf le savant, qui est capable, lui, de sublimer ses pulsions. » Et là, Devereux s'esclaffait : « Freud

Le maître n’est
pas un professeur.
Ce n’est pas
par son enseignement
qu’il s’impose
au disciple,
mais par son être !

est ridicule. Les pulsions sexuelles ne peuvent être sublimées ; le sublime n'est pas sublimable[3] ! » Pour lui, plus encore que l'artiste, le savant qui vouait sa vie à la création d'une œuvre originale était nécessairement un fou sexuel, comme Picasso ou Giacometti… ou Georges Devereux.

Une inquiétude fondamentale

Au cours des dix années durant lesquelles j'ai intensément travaillé avec lui, d'abord comme son élève, puis, après la soutenance de ma thèse, en 1976, comme son chargé de cours, j'étais sans cesse présent. Il ne se passait pas un jour sans rencontre ou échange téléphonique, pour discuter d'un problème théorique, pour évoquer un ouvrage, régler l'organisation d'un séminaire ou je ne sais quelle question administrative… Tout lui était bon pour rester en lien. Pourtant cette question, dont nous ne parlions évidemment jamais, me demeurait énigmatique. C'est avec le temps que j'ai commencé à comprendre.

---

3 – Il aimait répéter cette phrase, entendue chez les Mohaves, qu'on trouve aussi dans ses livres : « On reconnaît toujours ceux qui ont fait l'amour la nuit précédente à leur maintien fier et à leurs yeux étincelants. » Georges Devereux, *Essais d'ethnopsychiatrie générale*, Paris, Gallimard, 1971, p. 199.

Lorsque je l'ai rencontré pour la première fois, en 1969, il avait 61 ans et moi 21. En amour pourtant, c'était un adolescent qui s'essayait à chaque occasion, alors que j'étais déjà un homme marié. Il m'est arrivé de penser qu'il s'était peut-être arrêté à cet âge où l'on ne sait où poser sa passion, à 16 ans…, l'âge qu'il avait lorsque son frère cadet, István, s'était suicidé. De ce suicide, il lui arrivait d'en parler. Il accusait alors sa mère, qu'il qualifiait de « monstre », cette mère qui aurait poussé son frère au suicide par son harcèlement permanent. Peut-être qu'une partie de lui-même, sa capacité à aimer, s'était figée à ce moment, à l'acmé de l'adolescence…

Quoi qu'il en soit, j'ai le sentiment que, à l'âge adulte, ce comportement erratique était devenu une diversion qui lui permettait de fixer son inquiétude fondamentale, son anxiété d'être, sur une relation conflictuelle alors que s'agitait ailleurs le bouillonnement mental nécessaire à sa créativité. Et puis un tel comportement était souvent difficile à comprendre pour son entourage. Ne demeuraient auprès de lui que ceux qui acceptaient de ne pas comprendre, de suspendre leur jugement. Il lui servait ainsi de protection, écartant les parasites, les étudiants passifs qui s'accrochent inévitablement en grappes autour des maîtres créateurs. De plus, il lui évitait les réunions, les colloques ou les instituts distributeurs de médailles, ces lieux de sociabilité universitaire où règne en sourdine la loi de la jungle. Car Devereux était un asocial, un anarchiste viscéral.

Un maître n'est pas un modèle. S'il s'infiltre dans son disciple, fixant au tréfonds de son âme des questions pour longtemps, il ne s'offre jamais en modèle. C'est pourquoi les clones que l'on voit se répandre dans les groupes psychanalytiques n'indiquent qu'une chose : la faillite de leur maître.

Il ne s'agissait donc pas de se comporter comme lui, mais de saisir la vérité qu'il distillait à sa façon, la vrillant en chacun. Aujourd'hui, je l'exprimerais ainsi : « Si tu veux créer, sache d'abord comment tu te débrouilleras de la déferlante anxieuse qui envahira ta page blanche. » J'ai mis si longtemps à le comprendre !

Et puis il y avait une seconde énigme, durablement inscrite dans ma chair.

Une conversion énigmatique

Pour quelle raison Devereux cachait-il qu'il était juif, d'autant qu'à la fin des années 1960, lorsque je l'ai connu, il n'était pas encore (re)devenu dangereux de le proclamer ? Sans doute souhaitait-il gommer une sorte de trahison, celle de sa conversion au catholicisme en 1932 – et je sais que ce n'était certes pas par conviction religieuse ! Car la religion, il

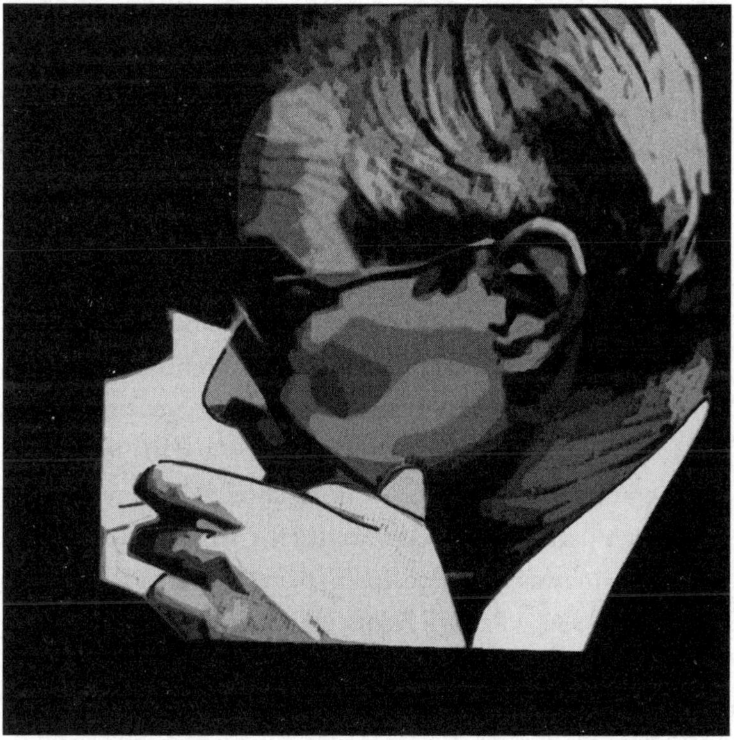

Georges Devereux, un homme douloureux, une énigme.

(Dessin d'après photo.)

n'en avait cure, lui qui ne croyait ni à Dieu ni à aucun diable, djinn, elfe, démon ou esprit de quelque genre que ce soit… Ethnologue, pourtant, et parmi les premiers, il considérait néanmoins toute religion comme un ramassis de croyances pour « vieilles femmes superstitieuses » – l'épithète est de lui !

Lorsqu'il s'est converti – conversion dont il ne parlait jamais –, il était alors de nationalité roumaine. Je sais qu'il souhaitait par-dessus tout s'intégrer en France, obtenir un poste de chercheur dans ce musée de l'Homme tout juste créé par Marcel Mauss, son maître respecté. Je soupçonne qu'à cette époque il cherchait une épouse dans le milieu aristocratique français. Car il nous abreuvait de récits des familles à particule, les Gramont, les Clermont-Tonnerre, dont il connaissait les généalogies par cœur. Je sais que dans les années 1930, à Paris, il fréquentait les milieux artistiques, la société huppée qui voulait poursuivre la folle époque malgré la crise. Peut-être avait-il estimé que, pour s'y intégrer, il était plus prudent de dissimuler son appartenance aux communautés juives d'Europe de l'Est, poursuivies par la vindicte des ligueurs de l'Action française en pleine affaire Stavisky. Mais tout de même, couper tout lien avec ses origines, avec le monde dont il provenait, et jusqu'à son nom…, il y a là une énigme qu'il a déposée dans mon âme, une énigme qui la fait encore tourbillonner.

Ne pas se réduire à ses origines

Que transmettait-il ainsi sinon cette expérience profonde qu'il avait sans doute durement acquise durant sa vie? L'appartenance n'est pas une identité, au sens d'un «être au monde», mais une sorte d'organe, un cœur, à la fois indispensable et fragile – et qui donc exhiberait ses viscères à la vue de tous? Le cœur, on ne peut l'apercevoir qu'à la mort, et encore…, après dissection! Et ce n'est qu'à sa mort que j'ai acquis la certitude que Devereux était juif. À mon sens, la judéité de Devereux, c'était son cœur. Et il nous prévenait qu'il était dangereux de s'en prévaloir:

> «… *la possession d'une identité est une véritable outrecuidance qui, automatiquement, incite les autres à anéantir non seulement cette identité, mais l'existence même du présomptueux…*»

Ainsi débute un de ses plus brillants articles cliniques[4].

---

4 – «La Renonciation à l'identité: défense contre l'anéantissement», *Revue française de psychanalyse*, vol. 31, n° 1, 1967, p. 101-142, p. 101, repris sous forme de volume: *La Renonciation à l'identité: défense contre l'anéantissement*, Paris, Payot, coll. «Petite Bibliothèque Payot», 2019. Les articles cliniques de Devereux sont d'une inspiration très particulière, très originaux, souvent surprenants et toujours brillants.

En modifiant son nom, en dissimulant son appartenance, il ne souhaitait pas seulement se défendre, il attaquait aussi, mais à sa manière, en stratège… Il attaquait d'abord celui qui aurait la prétention de le réduire à ses origines. Il conservait précieusement, à l'abri, ce noyau dont il tirait sa force. Il écrivait d'ailleurs, dans ce même article clinique :

> « … *la renonciation, aussi bien que le déguisement de l'identité sont à la fois défensifs et offensifs. La coloration protectrice du tigre ou du léopard le cache à la fois de ses ennemis et de sa proie*[5]. »

L'identité serait donc, d'après Devereux, un organe fragile, toujours susceptible d'être attaqué par les autres, les étrangers. Comment aurait-il pu proclamer la sienne, lui qui s'était fait une religion de la dissimuler ? Mais il a semé à travers tous ses textes de petits cailloux blancs, des signes… En voici un, une citation choisie presque au hasard, tant ses livres fourmillent d'exemples illustrant ce paradoxe selon lequel l'identité est d'autant plus robuste qu'elle est dissimulée :

> « Cas 16. – Róheim se disait hongrois, mais, sous l'influence des nazis, la plupart des Hongrois n'étaient pas de cet avis et le forcèrent à s'exiler.

5 – *Ibid.*, p. 122.

L'identité serait,
d'après Devereux,
un organe fragile,
toujours susceptible
d'être attaqué
par les autres,
les étrangers.

Cas 17. – Les Hongrois affirmaient que, quoique né en Hongrie, Herzl était juif et Herzl était d'accord avec eux.

Cas 18. – Ceux des Hongrois qui ont été influencés par les nazis affirmaient : Róheim est juif. Róheim, l'exilé, était si peu d'accord avec eux qu'à sa demande son cercueil avait été recouvert d'un drapeau hongrois lors de ses obsèques à New York[6]. »

La véritable question se pose donc ainsi : Devereux, hongrois, magyarophone et magyarophile, était-il un Róheim, resté hongrois malgré son exil, ou bien un Herzl, juif avant tout ? Comment concevait-il la question juive ? Était-il partisan de la dissolution de l'identité juive, dont les caractéristiques seraient ramenées au rang de manifestations singulières – voire folkloriques – dont la psychanalyse pouvait rendre compte, comme Róheim le pensait[7] ? Ou bien dissimulait-il qu'il était, comme Herzl, militant pour

---

6 – « L'identité ethnique. Ses bases logiques et ses dysfonctions », dans *Ethnopsychanalyse complémentariste*, Paris, Flammarion, 1972, p. 141.

7 – Il est amusant de regarder Róheim ramener les théories des Indiens yumas, justement des cousins culturels des Mohaves, aux conceptions kleiniennes des « bonnes » et des « mauvaises » fèces. Voir, par exemple, Géza Róheim : *Origine et fonction de la culture*, Paris, Gallimard, 1968.

l'abandon des dispositifs millénaires adoptés par les Juifs pour échapper à l'acculturation, en instituant un État[8] ? Moi qui l'ai connu, qui l'ai souvent entendu s'extasier devant la métamorphose du petit Juif du ghetto en un fier combattant israélien, je pencherais pour la seconde proposition. Je reste persuadé qu'il était davantage Herzl que Róheim, mais un Herzl gardé secret, animé qu'il était de la certitude qu'on n'exhibe pas son identité de peur d'être anéanti. L'identité, on se doit de la dissimuler pour s'en saisir comme d'une arme le moment venu.

Il s'est probablement préoccupé de cette question de l'identité juive en pleine Seconde Guerre mondiale. Il l'a remise au travail lorsqu'il a participé à la prise en charge des réfugiés hongrois à New York, en 1956, qui avaient fui le pays après l'invasion soviétique. Parmi eux, beaucoup étaient juifs. La question de l'identité lui collait au corps. Il l'a assumée, tant dans sa vie que dans son œuvre, dans toute sa violence, mais avec son originalité propre, sa subtilité austro-hongroise.

Quant à moi, je n'en étais pas satisfait, car il restait une

---

8 – Voir le texte que Devereux a publié en 1943, en pleine guerre, en collaboration avec Edwin M. Loeb : « L'acculturation antagoniste », presque entièrement consacré à l'analyse des différentes modalités de résistance à l'acculturation, notamment chez les Juifs, dans *Ethnopsychanalyse complémentariste*, *op. cit.*

question en suspens. Peut-on faire acte de thérapeute en se présentant sous une fausse identité ?

Ses cendres dans un cimetière mohave

Paris, 1985, les derniers jours du mois de mai et cette pluie fine qui semblait ne vouloir jamais s'arrêter. Pourquoi pleut-il toujours lorsqu'on enterre les morts ? Et dire que Georges Devereux, qui venait de mourir, ne serait même pas enterré ! Selon ses dernières volontés, on allait l'incinérer puis répandre ses cendres sur la terre du cimetière des Indiens mohaves, dans leur réserve de Parker, en Arizona. Nous étions peut-être une vingtaine dans le columbarium, l'accompagnant sur son chemin vers le repos qu'il s'était choisi. J'étais animé d'un sentiment de révolte. Je pensais qu'on ne devait pas brûler un Juif, pas après la Shoah ! De plus, je le savais, les rites funéraires ne sont pas prioritairement destinés à consoler les survivants, ils sont une réappropriation du mort par sa communauté, pour les Juifs comme pour les autres. Pourquoi Devereux refusait-il sa dépouille aux siens ? Qu'il ait dissimulé son identité juive jusqu'aux derniers moments, je pouvais à la rigueur le comprendre, mais pas après sa mort, tout de même… À quoi cela pouvait-il servir ?

Georges Devereux a vraiment été mon maître. Même au moment de sa mort, il me glissait encore une question à laquelle je ne savais répondre.

Trente ans plus tard, le 30 avril 2015, j'embarquais dans un avion d'Air France à destination de Bucarest avec Irena, une ancienne étudiante, devenue depuis une amie très chère. En français, elle a le bel accent roulant des Roumains, auquel elle tient comme à toutes les traditions. Elle a soutenu une thèse sur les prisons roumaines de la période communiste, et notamment celle de Pitesti, sur les tortures terribles qu'y subissaient les détenus, sur leur lavage de cerveau et sur les métamorphoses mentales qu'ils avaient subies[9]. Une belle thèse, élaborée, complexe, avec des échappées anthropologiques et politiques. Il nous arrive de travailler ensemble, encore aujourd'hui, au centre Georges-Devereux. Elle nous aide à comprendre les familles roumaines en difficulté. J'aime sa façon de respecter les vieilles politesses. Malgré une amitié de plus de vingt ans, elle m'appelle toujours «*Herr Professor*», fait mine de me considérer comme sa référence. Et moi, je la taquine toujours un peu à ce sujet. Mais quand elle travaille, merveilleuse thérapeute, elle est

9 – Cette thèse a été du reste publiée : Irena Talaban, *Terreur communiste et résistance culturelle. Les arracheurs de masques*, Paris, PUF, 1999.

totalement elle-même, originale, rapide, inventive. Elle a eu la gentillesse de m'accompagner en Roumanie, où je devais prononcer deux conférences à l'université de Bucarest. Je profiterais de l'occasion pour me rendre aussi à Lugoj, la ville de naissance de Georges Devereux. Irena me servirait de guide, d'interprète aussi, bien sûr. Il y avait longtemps que cette visite me taraudait.

Voyage à Lugoj

Au séminaire, Georges Devereux racontait qu'un de ses ancêtres français, appelé Devereux, était resté dans le Banat lors des campagnes napoléoniennes, où il y avait fait souche. C'était de là, prétendait-il, qu'il portait un nom d'origine française. Nous n'avons, évidemment, trouvé aucune trace d'un quelconque Devereux à Lugoj ! Je savais bien que ce n'était pas son nom. J'avais déjà appris depuis un certain temps que, avant d'obtenir l'autorisation de changer de patronyme lors de sa conversion, il s'appelait György Dobó.

Nous parcourons le cimetière en compagnie de Yossif et d'Yvan, qui s'occupent de la communauté juive de Lugoj, ou plutôt de ce qu'il en reste. La population juive avait compté, à ses plus beaux jours, en 1924, 1 774 âmes, près de 9 % des habitants de la ville. En 2015, il n'en restait plus que 22. La chute avait commencé après-guerre : 1 043 personnes en 1942 durant la guerre, 1 620 en 1947, la ville ayant accueilli les réfugiés des régions environnantes, d'Ukraine et de Pologne, puis 220 en 1970, 46 en 1995. En 2015, les quelques Juifs restants étaient des anciens, qui n'avaient pas réussi, ou pas souhaité émigrer, dont toutes les familles avaient essaimé à travers le monde, en Israël, aux États-Unis, au Canada… Nous examinons les noms sur les tombes… Nous trouvons des Weisz, des Spitzer, des Pick, des Rosenberg, des Neumann… Quant aux Dobó, il n'y en a guère que deux, réunis sur le même panneau, dans le caveau des Deutsch : Stefan (István), le frère suicidé en 1924, et Eugen, le père de Georges[10].

Deutsch était le patronyme de la mère de Devereux. Les Dobó semblent une pièce rapportée, Eugen, n'étant enterré dans le caveau de la grande famille Deutsch que du fait du décès prématuré de son jeune fils, István, qu'il est venu rejoindre à sa mort, en 1957. La mère de Georges, Margit, ainsi que la sœur, Ilona, ont toutes deux émigré en Israël, probablement après le décès d'Eugen, le père. En interrogeant les anciens, nous apprenons que les Deutsch font partie des premiers habitants juifs de la ville. En 1773, le chef de la première communauté juive, forte alors de 43 membres, s'appelait Isaac Deutsch. En 1848, pendant la révolution, le

10 – L'épitaphe du frère : « Stefan Dobó, 18 mars 1910 – 20 novembre 1924. La mort t'a arraché prématurément mais nous resterons unis à toi, liés par l'amour à jamais. »

Irena, une ancienne étudiante,
en compagnie de Yossif
et Yvan, deux représentants
de la communauté juive,
en pleine conversation
au cimetière de Lugoj.

chef du comité révolutionnaire s'appelait Simon Deutsch. La banque Carashana, qui tenait ses guichets dans la ville, a été fondée par Ignatz Deutsch (1865-1925), dont on peut lire l'épitaphe sur la pierre centrale du caveau, grand-père ou grand-oncle de Georges. Je comprends que sa famille maternelle faisait partie des notables et surtout des fondateurs de la communauté juive de Lugoj. Il nous confiait qu'il étouffait dans cette ville où, certainement, tout le monde le connaissait, dans cette famille, sous la tutelle de la femme autoritaire qu'était sa mère, face à ses angoisses, lui qui se reprochait peut-être la mort de son frère, suicidé devant ses yeux. Ce n'est donc pas un paria qui s'est exilé à Paris, puis en Californie, et enfin à New York, mais un fils de famille, un héritier. Durant ses études, il a longuement été entretenu par sa famille, et cela sans doute jusqu'à l'obtention de la bourse Rockefeller qui lui a permis de faire son entrée dans le monde de l'ethnologie.

Terrible antisémitisme roumain

Les Juifs de Roumanie ont payé un très lourd tribut durant la Seconde Guerre mondiale. Dès l'avènement d'un gouvernement de type fasciste, les Juifs ne pouvaient plus exercer de professions libérales, telles que médecins, avocats,

Le caveau Deutsch et Dobó
dans le cimetière de Lugoj.
On y retrouve les noms
des proches de Georges Devereux,
notamment celui de son père,
Eugen Dobó, et celui
de son frère, Stefan Dobó.

ingénieurs, journalistes… En septembre 1940, à l'arrivée au pouvoir de Ion Antonescu, le *Conducator*, de terribles mesures antisémites ont aussitôt été mises en œuvre, plus durement encore qu'en Allemagne : les Juifs ont été spoliés de leurs biens, persécutés par les « légionnaires » de la Garde de fer ; les enfants juifs ont été bannis de l'enseignement, les écoles juives expropriées. Ils ont été soumis à une terreur permanente, dans les rues, battus, mutilés, tués sans autre forme de procès d'une balle dans la tête. Les autorités ont organisé des pogromes, comme à Jassy en juin-juillet 1941 ou à Bucarest en janvier 1941. Les Juifs ont été soumis au travail forcé dans la multitude de camps installés en Bucovine ou en Transnistrie, déportés dans des « trains de la mort » improvisés, entassés à cent cinquante dans des wagons à bestiaux, exterminés lors de massacres orchestrés par le pouvoir. Les exactions ont été si violentes qu'on a parlé d'une solution finale « à la roumaine[11] », plus violente, peut-être aussi moins ordonnée que celle des Allemands. Antonescu,

---

11 – Voir l'extraordinaire document de Matatias Carp, qui a longtemps circulé sous le manteau, désormais accessible en français : *Cartea neagra. Le livre noir de la destruction des Juifs de Roumanie, 1940-1944*, traduit du roumain, annoté et présenté par Alexandra Laignel-Lavastine, Paris, Denoël, 2009. La première édition, publiée à Bucarest, date de 1948.

qui devançait les désirs des nazis devenus ses alliés, se disait le « Pétain roumain ».

Au total, sur les 756 930 Juifs roumains recensés en 1938, il en restait 356 237 lors du recensement de 1951. Aujourd'hui, dans toute la Roumanie, on en compte seulement 3 500.

Comment se fait-il que, malgré la violence et la sauvagerie des massacres antisémites, près de 50 % de la population juive de Roumanie ait survécu après-guerre ? L'humour des Juifs roumains leur fait dire volontiers que c'est grâce à l'action de leurs rabbins miraculeux. De fait, celui qui fut grand rabbin de Roumanie, Alexandre Safra, s'est dépensé sans compter, s'adressant aux pays neutres ou au Vatican, les suppliant d'intervenir, faisant même le siège du bureau d'Antonescu pour le convaincre de surseoir aux déportations. Mais si les interventions de certaines personnalités ont sans doute été déterminantes dans le sauvetage d'un grand nombre de personnes, la véritable explication est le brutal revirement du dictateur aux premiers jours de 1943, devant l'avancée résolue des troupes soviétiques. Le fait est que certaines régions de la Roumanie ont été relativement épargnées. Ce fut le cas du Banat, et tout particulièrement de Lugoj, où quelques personnes seulement ont succombé sous les coups des nazis.

Quant aux Juifs de Hongrie, puisque Georges s'est toujours revendiqué hongrois, sans doute pour se rattacher à son père plutôt qu'à sa mère, sur les 725 000 recensés en 1941, 564 500 ont été assassinés durant la Shoah, en 1944 pour la plupart, lorsque la Hongrie finit par être occupée par l'Allemagne[12].

J'imagine volontiers Georges Devereux, alors en Amérique, fou d'inquiétude pour ses proches. Il ne savait certes pas que Lugoj serait épargné – personne ne le savait ! Il avait 34 ans et la santé fragile. Il a cherché par tous les moyens à s'engager dans l'armée américaine pour contribuer à la lutte contre la sauvagerie nazie. On ne le retint pas pour le combat, mais on l'intégra dans l'OSS, précurseur de la CIA. Il était logique qu'un homme de savoir, qui parlait huit langues et qui, de plus, connaissait l'Indochine pour y avoir accompli son premier terrain d'ethnologue, fût considéré plus utile dans un service de renseignement.

Je sais que Georges est resté profondément marqué par les violences de la guerre et les terribles massacres commis en Europe à l'instigation des dictatures. Il parlait sans cesse de la terreur nazie, de la terreur communiste. Pour quelle

---

12 – Georges Bensoussan, Jean-Marc Dreyfus, Édouard Husson et Joël Kotek, *Dictionnaire de la Shoah*, Paris, Larousse, 2009.

La synagogue de Lugoj
est méticuleusement entretenue
par les quelques survivants
d'une communauté évanouie.
Sur le pupitre, on distingue,
prêtes à l'emploi, les bénédictions
que doit prononcer celui qui est
appelé à lire la Torah.

raison n'est-il jamais retourné chez lui ? Avait-il voulu définitivement couper les ponts avec cette Europe de l'Est, cette Roumanie, cette Hongrie, dont la terre restait souillée du sang des siens ? Mais derrière ces évidences, je le sentais, une image l'obsédait. S'il était resté en Roumanie, fougueux et volontaire comme il l'était, il n'aurait sans doute pas hésité, il se serait engagé dans la résistance et aurait très probablement péri sous les coups des bourreaux. Derrière ses préoccupations au sujet de la guerre, il y avait cette image de lui encore là-bas, son double, mort.

À la recherche d'un nom

Reste que lors de ce voyage, Irena et moi ne savions toujours pas à quoi rattacher ce nom, Dobó, le nom que portait Georges avant de s'appeler Devereux. Au moins avions-nous appris que son père s'appelait bien ainsi, lui aussi. Nous avons décidé de consulter les archives de la communauté juive, conservées par les anciens dans les armoires de la synagogue, où ne se tient plus aucun office. Nous nous sommes rendus dans la bibliothèque attenante. Yossif, le « gardien du temple », a tiré de vieux placards d'immenses registres poussiéreux. Et nous voilà, fouillant les pages à la recherche d'un renseignement qui pourrait nous mettre sur la piste du véritable nom. Car c'était bien ce que nous étions venus chercher : un nom !

Et alors que nous feuilletions les registres, nous tombons sur les pages répertoriant les sommes dont les fidèles ont fait don en échange des prières prononcées pour les morts lors de la fête de Kippour. À l'en-tête du registre, le terme *El Male*, qui renvoie, bien sûr, à *El male ra'hamim*, en hébreu, cette prière du rituel funéraire juif, qu'on chante aussi à chaque commémoration du mort[13]. Tout y est minutieusement répertorié. On peut y lire la date, le nom du donateur, le nom des morts dont il souhaite honorer la mémoire et, dans la dernière colonne, le montant du don. Et nous pouvons lire qu'Eugen Dobó, le père de Georges, a donné cette année-là, en 1936, la somme de 240 lei pour des prières au bénéfice de Weismayer Lipót et de Weismayer Lujisa, son père et sa mère. Et nous tournons les pages. En 1937, il a à nouveau donné 240 lei, en 1938, la même somme à nouveau pour les mêmes bénéficiaires. En 1939 et 1940, au début de la guerre, aucun paiement. Il devait être absent de Lugoj. Mais en 1941, les paiements reprennent. Cette fois, il offre 1 200 lei pour des prières en hommage à ses parents,

---

13 – On y demande à Dieu, que l'on appelle ici « Dieu, plein de miséricorde » *(El male ra'hamim)*, le repos de l'âme du disparu.

mais aussi à Weiser Moritz et Weiser Johanna, ses grands-parents maternels, et à Deutsch Moritz et Deutsch Rosalia, ses beaux-parents. Pour quelle raison assure-t-il tous les paiements de la famille à partir de cette année? Sans doute ceux qui les assumaient auparavant avaient-ils disparu. Mais nous ne pouvons pas en apprendre davantage, sinon que, année après année, Eugen Dobó a fait un don pour la prière aux anciens, mais avant tout à son père et à sa mère, qui s'appelaient donc Weismayer Lipót et Weismayer Lujisa.

Il est troublant de découvrir l'histoire des vivants à partir de leurs actes de dévotion consentis à leurs morts…, de découvrir le père de Devereux, avocat, libéral, socialiste, assumer toutes ses responsabilités communautaires.

C'est ainsi que nous avons pu établir le nom de Devereux, son véritable nom, avant la magyarisation, qui a eu lieu du temps d'Eugen, son père, transformant Weismayer en Dobó, et la francisation par Georges, qui a transformé Dobó en Devereux. La boucle était bouclée. Weismayer, tel était leur nom, tel était son nom! On a beau dire, pour un Juif, le nom c'est la personne!

Maintenant que je connais le nom de mon maître, s'il m'arrivait un jour de fabriquer une amulette, je pourrai la signer de mon propre nom.

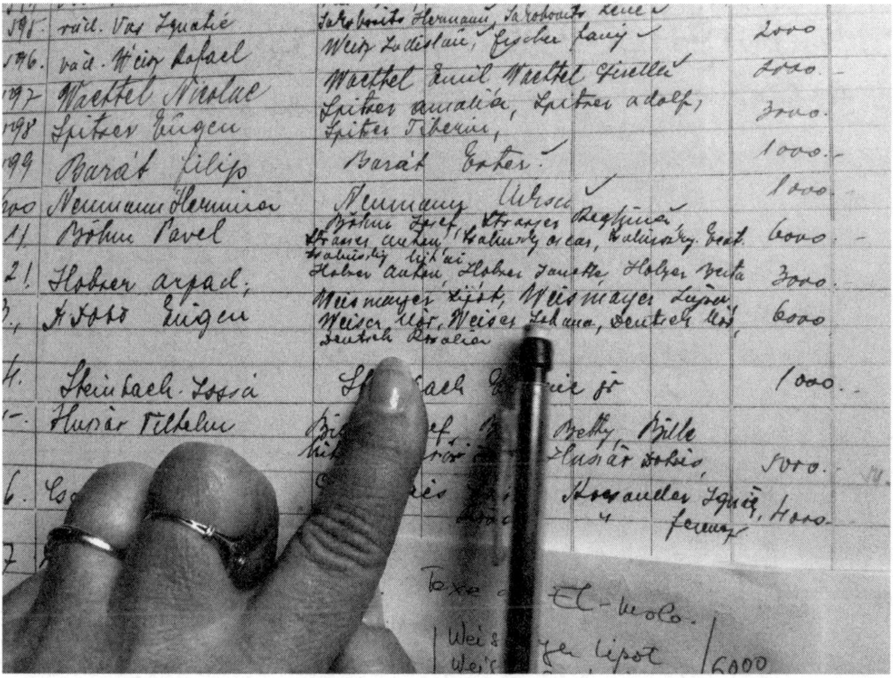

Registre des prières aux morts

À la page de l'année 1945, Irena pointe du doigt les noms des destinataires des dons d'Eugen Dobó. On peut lire : Weismayer Lipót et Weismayer Lujisa (ses parents), Weiser Moritz et Weiser Johanna (ses grands-parents maternels), Deutsch Moritz et Deutsch Rosalia (ses beaux-parents).

Soigner avec tous les dieux

« Le plus important des événements récents,
le fait que Dieu est mort, que la foi au dieu chrétien
a été ébranlée, commence déjà à projeter
sur l'Europe ses premières ombres. »

Friedrich Nietzsche, *Le Gai Savoir* (1887)

Je me suis toujours demandé pourquoi je n'ai pas perdu Dieu.

Partout où j'ai rencontré des guérisseurs traditionnels, ils étaient toujours accompagnés d'une ou de plusieurs divinités. Le guérisseur juif d'origine yéménite, dans une petite commune du nord d'Israël, non loin de Benyamina, était un *sofer*, un scribe, qui écrivait à la main le texte des rouleaux de la Torah. Il avait un véritable don pour la calligraphie. Il écrivait aussi les textes sacrés contenus dans les phylactères ou les *mézouzot*[14], mais il était surtout connu pour fabriquer

14 – *Mézouza* (pluriel *mézouzot*) : Objet longiligne contenant le texte du credo juif que les familles pieuses clouent à la porte de leur demeure.

des amulettes qu'on venait lui commander[15] de partout. Il nous les a montrées, amoureusement disposées sur une étagère, chacune dans un petit flacon de verre, attendant leur bénéficiaire. Il était évidemment impensable qu'un tel guérisseur travaillât sans son dieu.

Mais ailleurs, c'était la même chose. La guérisseuse réunionnaise qui savait si bien déclencher les transes thérapeutiques et prendre en charge les patients ne manquait jamais de prononcer une prière à la Vierge avant de commencer son travail. Et elle nous y conviait, nous alignant sur un banc, nous dirigeant, comme à l'église[16]. Et, dans l'île, d'autres guérisseurs semblaient même collectionner les dieux, disposant leurs effigies dans des chapelles œcuméniques, associant la Vierge catholique à des représentations de divinités malgaches, comoriennes ou même africaines, disposant à leurs pieds offrandes et libations, sans parler des

---

15 – Henny Wexler, Tobie Nathan et Peter David, « Tohu wa vohu. Réflexions ethnopsychanalytiques sur la technique d'un guérisseur yéménite en Israël », *op. cit.*

16 – J'ai décrit le travail de Mamie Louisa dans *Ethno-Roman*, *op. cit.* Voir aussi Jacqueline Andoche, « Une désenvoûteuse réunionnaise : Mamie Louisa », *Nouvelle Revue d'ethnopsychiatrie*, n° 24, 1994, p. 19-44.

guérisseurs tamuls dont les temples étaient surmontés de magnifiques divinités hindoues colorées.

En Afrique, chez les guérisseurs du Bénin, Legba, le dieu des carrefours, veillait toujours dans un recoin de leur case sous la forme d'une statuette ou d'un petit monticule de terre, mais on y trouvait aussi la double hache de Hevioso, le fer rouillé de Goun et, à l'entrée, dans un récipient de terre, l'eau de Yemanja…

Partout où j'ai pu aller, au Brésil, au Maroc, en Afrique de l'Ouest, au Moyen-Orient, partout, dans les églises, les mosquées, les temples ou dans leurs cases, les thérapeutes avaient un dieu, des dieux, qui les autorisaient, les guidaient, les regardaient agir.

Quant à moi, il m'a fallu du temps avant de me poser la question. Un dieu m'accompagnait-il dans mon travail de thérapeute, et lequel ? Et c'est un de ces guérisseurs, le premier rencontré à l'île de la Réunion qui, avant d'accepter d'échanger avec moi, m'a ordonné d'entrer dans une minuscule hutte de moins d'un mètre de haut, en plein soleil, pour prier mon dieu. Il l'exigeait, pensant sans doute qu'il n'était pas possible de parler avec un homme sans dieu. J'y suis entré, courbé, presque à quatre pattes. Et là, j'ai longtemps recherché dans ma mémoire les restes de prières que j'avais apprises dans mon enfance. Au bout

L'entrée de la case
d'une guérisseuse à La Réunion,
dans les années 1990.
Elle associait la Vierge
catholique aux divinités
malgaches, comoriennes
ou même africaines.

d'une demi-heure, je l'avais retrouvée, cette prière. Et j'ai prié. Et c'était bien.

Malgré le marxisme de mes « années 68 », malgré la formation psychanalytique, malgré les dix ans auprès de Devereux, j'étais capable de retrouver une prière. Et surtout j'y trouvais un apaisement, presque de la joie.

Des patients sans aucune croyance

Ce jour-là, au centre Georges-Devereux, nous recevions une famille française. Nous leur avons posé la question, bien sûr, de leur origine. Ils ont été étonnés tant la réponse allait de soi. Ils avaient des noms, lui de Bretagne, elle de Savoie. Parisiens depuis au moins trois générations, ils se disaient d'ici ! Ils se souvenaient que leurs arrière-grands-parents avaient fait la guerre de 14, leurs grands-parents celle de 40, peut-être l'un d'eux était-il un immigré italien, mais ils n'en étaient pas certains. Le père et la mère se ressemblaient tellement, la peau très blanche, l'allure timide, on les eût crus frère et sœur. Nous nous sommes informés sur leurs appartenances, leur foi, leur pratique religieuse… Aucune ! Aucun dieu, nous ont-ils affirmé, aucune croyance, rien ! Nous avons insisté. Vous avez été baptisés, peut-être ?… Elle, non ! Elle en était certaine.

Le toit d'un temple tamul,
sur l'île de La Réunion,
dans les années 1990.
Il m'a fallu du temps avant
de me poser la question :
un dieu m'accompagnait-il
dans mon travail ?

Quant à lui, on lui avait dit qu'il l'avait été lorsqu'il était très jeune, à deux ou trois ans, mais après, rien ! Aucune éducation religieuse, aucune évocation de croyances, rien ! Ils ont avoué ne connaître les religions qu'à travers leurs lectures. Puis ils ont ajouté, presque pour s'excuser : « Nous respectons les croyances des autres, vous savez. Toutes les croyances ! »

Il m'était déjà arrivé de recevoir des patients sans aucune croyance affichée. Mais je parvenais à reconstituer le parcours de leur désaffiliation à travers les générations. Une séquence m'était familière, que j'avais souvent rencontrée dans des familles de la banlieue parisienne : grands-parents agriculteurs, catholiques pratiquants, parents ayant émigré en banlieue, imprégnés d'idéologie communiste et puis, à la génération suivante, après la débâcle des idéologies, un peu de mysticisme hindou ou new age, des relents de développement personnel, quelques pratiques ésotériques confuses, comme les cartes de tarot, ou le retrait du mauvais œil… La modernité ! Dans le cas de cette famille, c'était différent. Leurs parents étaient comme eux, leurs grands-parents aussi… Ils ne se disaient pas « athées », mais « sans religion », non pas « désaffiliés », mais « sans affiliation ».

Ils étaient surprenants.

Voilà quelques années, ils avaient embarqué leurs trois enfants dans une aventure qui avait duré un an, en Aveyron, dans une forêt, entre Rodez et Montauban. Ils avaient acheté un coin de terrain dans un endroit isolé. Ils y avaient bâti eux-mêmes, de leurs mains, une cabane en bois, leur « château ». Là, ils avaient vécu un « retour à la terre », aux éléments fondamentaux de l'existence. L'aîné, le garçon, avait alors 10 ans ; la deuxième, 7 ans ; et la troisième, à peine 3 ans. Le père s'était mis en disponibilité de son poste de contrôleur SNCF et la mère avait poursuivi dans leur refuge ses activités artistiques. Ils avaient fait eux-mêmes l'école à leurs enfants. Et de ce point de vue, ils avaient plutôt réussi. Lorsque le grand, un an plus tard, avait intégré un collège, en sixième, il s'était révélé premier de sa classe.

Ce départ à l'aventure, ils l'avaient méticuleusement préparé. Ils avaient économisé de quoi vivre sans travailler pendant un an, s'étaient renseignés sur tout, la construction des maisons en bois, la création d'un potager, s'étaient munis du matériel nécessaire. Ils nous avaient tout expliqué par le menu ; il fallait que nous comprenions qu'ils n'avaient pas agi à la légère. Restait tout de même la question principale : pourquoi ? Pourquoi une telle rupture ? Avec le reste de la famille, les collègues, les amis…

Un moment de silence.

Malgré la présence des enfants, malgré leur gêne à parler de leur couple, ils ont fini par admettre : « C'est que ça n'allait plus entre nous. »

Ils nous avaient alors expliqué que leur idée était de se retrouver tous les cinq durant une longue période pour renouer les fils, retisser les liens. Dans la vie trépidante de Paris, ils ne se voyaient pratiquement plus, le père au boulot, la mère dans son atelier, les enfants à l'école… « C'était pas une vie ! » Alors, ils étaient partis au grand air, tous ensemble. Les enfants avaient adoré. Ils en parlaient encore. Mais entre les deux parents, rien n'avait été réparé, bien au contraire. Depuis qu'ils étaient de retour en région parisienne, ils ne pensaient qu'à une chose : comment se séparer ? Encore maintenant !

Le fils devenu salafiste

Et voilà que leur fils, leur aîné de 16 ans, s'était converti à l'islam et avait rejoint une mosquée où, disait-on dans le quartier, prêchait un imam salafiste. Face à ce problème inattendu pour lequel ils ne disposaient d'aucune protection, la famille s'était ressoudée. Presque tous les soirs, ils se réunissaient autour de cette question qui leur paraissait inouïe, posée par leur garçon, celle de leur affiliation. Car il leur demandait de se convertir eux aussi... Ils ne savaient lui opposer une autre croyance, ils n'en avaient pas. Ils ne pouvaient remettre en cause son choix, c'était contraire à leur idéologie. Ils étaient même partis en parler à la sœur du père qu'ils n'avaient pas revue depuis une dizaine d'années. C'est qu'ils ne comprenaient pas ce qui était arrivé à leur garçon.

Nietzsche, dont je cite un aphorisme en tête de chapitre, affirmait, dans ce même livre, *Le Gai Savoir*, qu'une des caractéristiques de l'homme est de fabriquer des dieux. Retirez-lui tous ses dieux, il en fabriquera un nouveau.

Ses parents avaient toujours été très proches de leur fils, l'avaient couvé, soutenu dans sa scolarité. Il avait longtemps été un enfant fragile, souvent malade. Lorsque, à l'âge de 14 ans, il avait déclaré une infection récalcitrante à tous les antibiotiques, ils l'avaient soigné jour et nuit durant des semaines. Ce garçon n'avait aucun problème avec ses deux sœurs qu'il aimait par-dessus tout. Le père et la mère, eux, ne le reconnaissaient plus. Il est vrai qu'il avait toujours été un peu à part, pensif, rêveur. On voyait bien que ça se bousculait dans sa tête. Ils se disaient : « Les ados sont comme ça. Des problèmes les travaillent..., la sexualité, peut-être... » Quelquefois, il leur posait des questions surprenantes, de manière autoritaire, comme : « Mais tout de même, il y a bien quelqu'un, quelque chose à l'origine de tout ça ? » Des questions qui laissaient les parents pantois. Ils lui répondaient avec des arguments sérieux, scientifiques... Et il secouait vigoureusement la tête : « Non ! Non ! » Ils admettaient qu'il se posait des problèmes philosophiques, mais de là à se convertir... à une foi, de plus, dont les manifestations modernes leur semblaient si loin de leurs principes...

Décidément... non ! Ils refusaient de voir leur fils s'engager dans cette religion. Ils le lui avaient signifié. Depuis, il les menaçait de quitter la maison. Alors, ils sont venus nous consulter.

Nous avons remonté le fil des lieux, des villes, des villages où avaient vécu leurs familles, des divinités, auxquelles les grands-parents des parents s'étaient farouchement opposés, nous avons recherché avec eux les rites, les traditions dont ils avaient entendu parler, même s'ils ne les reconnaissaient pas comme leurs... Peu à peu ont émergé des souvenirs inattendus. Le père a évoqué un arrière-grand-père, insoumis en 1917, un mutiné, qui avait été condamné à mort. Finalement, il n'avait pas été fusillé, sa peine ayant été commuée en vingt ans de travaux forcés, dont il n'en effectua que cinq. Revenu en métropole, il avait vécu jusqu'à 90 ans, révolté à vie. La mère a parlé de sa grand-mère, résistante, engagée dans les maquis de Haute-Savoie, capturée lors de la chute du plateau des Glières en 1944, déportée à Ravensbrück, revenue vivante mais, elle aussi, révoltée à vie. La mère, qui avait un peu connu sa grand-mère, rapporte la phrase qu'elle aimait répéter : « À Ravensbrück, j'ai croisé le diable et perdu Dieu ! »

Nous avons sauté sur l'occasion, pris le fils à témoin : « Alors, ce n'est pas que la famille est dépourvue de dieu, non. On dirait plutôt que vos ancêtres se sont fâchés contre leur dieu. »

« Ce n'était peut-être pas le bon… », avait glissé le fils, narquois. Et, pour la première fois, il avait souri.

Le maillon d'une continuité invisible

Au cours des séances avec nous, le père et la mère se sont découverts héritiers de parents révoltés, opposants, réfractaires. Et le père s'est encore souvenu… On racontait dans sa famille qu'un de ses ancêtres avait combattu avec les chouans, lors des guerres de Vendée, durant la Révolution française. Nous lui avons fait remarquer que celui-là n'avait sans doute pas perdu son dieu. Et même que, probablement, il s'était battu pour le défendre… À ce moment, ils se sont dit tous les deux que leur garçon marquait lui aussi sa révolte en se reconnaissant une religion[17] – ce garçon qu'ils avaient étrangement nommé Calvin[18]…

Nous lançons : « Calvin ? Ce n'est pas n'importe quel prénom, tout de même… – Ah oui, répond le père… C'était un peu une manière de boutade. C'est parce que j'ai été chauve très tôt… Il paraît que Calvin, ça veut dire "chauve"… Et puis, nous voulions un prénom original… » Nous insistons : « Calvin, tout de même, le grand réformateur de l'Église, à l'origine de ceux qu'on appellera "protestants"… »

« Protestants », eux qui se sentaient certainement « protestataires »… Ils ont ri.

Peut-être le fils ne faisait-il rien d'autre que reprendre le flambeau d'une tradition séculaire dans une famille qui avait commencé comme une révolte pour défendre un dieu, et abouti à une révolte contre tous les dieux. Peut-être n'était-il pas en rupture, mais au contraire le maillon d'une continuité invisible. C'est ainsi que nous avons pu

---

17 – J'ai longuement décrit la révolte des jeunes gens en voie de radicalisation dans Tobie Nathan, *Les Âmes errantes*, *op. cit.*

18 – Il va de soi que j'ai changé le prénom du garçon, qui avait bien un prénom manifestement chargé d'une signification religieuse.

Respecter l'histoire
des familles, le parcours
de leurs aïeux, les
terres qui accueillent
certains de leurs
ancêtres, les dieux
auxquels ils ne croient
plus, les cultes dont
ils ignorent tout,
est nécessairement
le premier temps
d'une thérapie.

reprendre avec eux, patiemment, les attaches lointaines qui continuaient à agir en secret.

Au décours des six entretiens familiaux que nous avons pu avoir avec cette famille, nous avons eu le sentiment d'avoir fait notre travail. Lorsque nous les avons laissés, le gamin était toujours musulman, les parents toujours en instance de divorce, mais tous avaient retrouvé leur dynamisme, s'étaient inscrits dans un avenir. À l'école, les deux petites se révélaient aussi brillantes que leur aîné. Quant à lui, Calvin, il s'était focalisé sur son année de baccalauréat qu'il avait décidé de réussir. Il envisageait sérieusement de se consacrer à des études de théologie.

Famille française, certes pas banale, mais révélant dans son engagement extrême pour la liberté les fractures et les colères accumulées depuis des générations, comme tant d'autres familles, dans cette France du XXIe siècle. S'occuper d'eux, sérieusement, en respectant leur histoire, le parcours de leurs aïeux à travers les générations, leurs lieux, les terres qui accueillent certains de leurs ancêtres, les dieux auxquels ils ne croient plus, les cultes dont ils ignorent tout, est nécessairement le premier temps d'une thérapie. C'est ce que j'ai appris durant des décennies auprès des familles migrantes, c'est ce que j'applique dans une relation thérapeutique avec une famille française « autochtone ».

Faire de l'étranger un complice

Les modernes ont longtemps cru qu'un thérapeute se devait d'être sans dieu. J'ai découvert que, dans le monde d'aujourd'hui, on devait soigner avec tous les dieux, ceux d'ici et ceux d'ailleurs, ceux de maintenant et ceux de demain…

Au contact des migrants venus de partout, j'ai certes appris à utiliser les pensées « traditionnelles », celles des peuples éloignés. J'ai appris aussi que les objets thérapeutiques d'ailleurs, les fétiches, les amulettes, les rituels, les prières, les danses, pouvaient être compris, intégrés à des démarches intellectuelles complexes, selon cette formule qu'on entend souvent en Afrique : « Ce qui a été fait par un homme peut être défait par un autre homme. » Si je suis capable de les comprendre, d'accéder à l'intelligence de ces « choses », je dois être aussi capable de les manier, au moins un peu, pour m'occuper de mes patients.

L'ethnopsychiatrie que je pratique relève d'une foi en l'universel. Si elle privilégie les singularités, c'est toujours dans le souci de les intégrer dans une commune intelligence du monde. Pour l'ethnopsychiatrie, il n'est aucune différence de nature entre les hommes. Ce sont leurs objets, leurs langues, leurs rites, qui sont différents. Ce sont leurs objets qui méritent la plus grande attention. Rien de ce qui a été créé par un homme ne peut être étranger à un autre homme. Telle est la philosophie de cette ethnopsychiatrie.

Au bout du chemin, après cinquante ans d'apprentissage, cette ethnopsychiatrie n'est donc pas une thérapie spécifique, une thérapie pour les migrants, pour les étrangers. Je la veux, au contraire, destinée au plus grand nombre, m'attachant à restituer à chacun ses attachements, même les plus anciens, ses langues, ses coutumes, ses traditions, ses rites, même s'ils ont été enfouis dans les mémoires.

En travaillant ainsi, dans le souci des attachements, me réjouissant de l'existence des différences de langues et de cultures, de rites et de coutumes, les étudiant pour les utiliser dans mon travail clinique, j'aimerais contribuer, à ma mesure, à une vie sociale plus apaisée, faisant de l'étranger un complice ; du lointain, un jumeau.

Car un thérapeute qui se contente de seulement soigner des individus ne guérit personne, son existence doit aussi être une thérapie pour le monde auquel il participe.

Remerciements

À mes amis, à Lucien Hounkpatin, mon complice, mon jumeau, mon double ; à la regrettée Geneviève N'koussou, mon initiatrice aux subtilités congolaises, dont l'intelligence pétille à jamais ; à Philippe Pignarre, à l'esprit acéré comme une lame ; à Isabelle Stengers, pour les brefs regards qu'elle m'a permis sur le monde des idées ; à Bruno Latour, élégance de la pensée, subtilité de la parole ; au regretté Abdelhafid Chlyeh, l'être aimable ; à Peter David, une présence faite de questions ; à Emmanuelle Ohniguian, qui sait remonter des images à la parole et jusqu'aux pensées ; à Catherine Clément, morale de fer, cœur d'enfant ; au regretté Albert Ifrah, qui aimait la vie à la passion ; à Philippe Gérin, avec qui nous partageons depuis l'adolescence les idées, les colères et les joies ; à la regrettée Maria Inês Sampaio, qui savait planer à tous les vents ; à Irena, qui tente sans succès de cacher son intelligence ; au regretté Léon Chertok, pour ses leçons de courage ; à Catherine Grandsard, douceur de la voix, rigueur de la voie ; et surtout à Georges, tel qu'il aimait être appelé, y compris par ses étudiants, Georges Devereux, mon maître qui, tel les maîtres du Talmud, laissait libre cours aux désordres de la vie pour ouvrir une fenêtre sur la vérité…

Je les remercie tous de m'avoir stimulé, aidé, guidé, contredit… et à la dernière dans l'alphabet, la première dans mon coeur, Nathalie Zajde, si près, toujours plus haut.

Table

DU MÊME AUTEUR (NON EXHAUSTIF)

ESSAIS

Jésus le Guérisseur, Flammarion, 2017

Les Âmes errantes, L'Iconoclaste, 2017 (traduit en anglais)

Les Secrets de vos rêves, Odile Jacob, 2016 (traduit en italien et en espagnol)

Quand les dieux sont en guerre, Paris, La Découverte, 2015 (traduit en italien)

L'Étranger, ou le pari de l'autre, Paris, Autrement, 2014

Philtre d'amour. Comment le rendre amoureux ? Comment la rendre amoureuse ?, Odile Jacob, 2013, et Odile Jacob Poche, 2015 (traduit en allemand)

Tous nos fantasmes sexuels sont dans la nature. Psychanalyse et copulation des insectes, Fayard, Mille et une nuits, 2013

Ethno-Roman, Grasset, Paris, 2012, prix Femina de l'essai 2012

La Nouvelle Interprétation des rêves, Odile Jacob, 2011, et Odile Jacob Poche, 2013 (traduit en italien, espagnol et portugais)

Du commerce avec les diables, Les Empêcheurs de penser en rond, 2004

Nous ne sommes pas seuls au monde, Les Empêcheurs de penser en rond, 2001, Points, 2007 et 2015 (traduit en italien)

Médecins et Sorciers (avec Isabelle Stengers), Les Empêcheurs de penser en rond, 1998, La Découverte, 2012 (traduit en anglais et en italien)

L'Influence qui guérit, Odile Jacob, 1994

Le Sperme du diable. Éléments d'ethnopsychothérapie, PUF, 1988 (traduit en espagnol et en roumain)

La Folie des autres. Traité d'ethnopsychiatrie clinique, Dunod, coll. « Psychismes », 1986 et 2013 (traduit en italien et en japonais)

Sexualité idéologique et névrose. Essai de clinique ethnopsychanalytique (préface de G. Devereux), Éditions de la Pensée Sauvage, 1977 (traduit en allemand)

ŒUVRES LITTÉRAIRES

La Société des Belles Personnes, roman, Stock, 2020

L'Évangile selon Youri, roman, Stock, 2018, et Le Livre de Poche, 2021

Ce pays qui te ressemble, roman, Stock, 2015, et Le Livre de Poche, 2017 (traduit en anglais, espagnol, arabe et roumain)

Les Nuits de Patience, roman, Rivages, 2013, et Rivages/Noir, 2014

Qui a tué Arlozoroff ?, roman, Grasset, 2010, et Points, 2011 (traduit en hébreu)

Mon patient Sigmund Freud, roman, Perrin, 2006, et Points, 2011 (traduit en roumain et en chinois)

Serial Eater, roman, Rivages, 2004, et Rivages/Noir, 2006

613, roman, Odile Jacob, 1999, et Rivages/Noir, 2004

La Damnation de Freud (avec Isabelle Stengers et Lucien Hounkpatin), pièce en 4 actes, Les Empêcheurs de penser en rond, 1997

Dieu-Dope, roman, Rivages, 1995, et Rivages/Noir, 1997 (traduit en italien)

Saraka bô, roman, Rivages, 1993, et Rivages/Noir, 1994

Crédits photographiques

Toutes les images proviennent de la collection personnelle de Tobie Nathan, à l'exception de la page 13, © Archiv-Foto Curare/AGEM ; page 15, © University of Southern California. Libraries ©California Historical Society ; pages 130 et 132, © Nicolas Nilsson ; page 213, © musée du quai Branly – Jacques Chirac, Dist. RMN-Grand Palais/ Patrick Gries ; page 245, © Museum Expedition 1922, Robert B. Woodward Memorial Fund.

**L'EXEMPLAIRE QUE VOUS TENEZ ENTRE LES MAINS
A ÉTÉ RENDU POSSIBLE GRÂCE AU TRAVAIL DE TOUTE UNE ÉQUIPE.**

ÉDITION : Maya Michalon avec Sylvie Gracia
COUVERTURE ET CONCEPTION GRAPHIQUE : Quintin Leeds
RÉVISION : Jean-Luc Demizieux, Anne-Rozenn Jouble et
Isabelle Paccalet
MISE EN PAGE : Soft Office
PHOTOGRAVURE : Point 11
FABRICATION : Lucie Le Bon
COMMERCIAL ET RELATIONS LIBRAIRES : Adèle Leproux
PRESSE ET COMMUNICATION : Alina Gurdiel
COMMUNICATION DIGITALE : Alice Huguet

RUE JACOB DIFFUSION : Élise Lacaze (direction),
Katia Berry (grand Sud-Est), François-Marie Bironneau (Nord
et Est), Charlotte Jeunesse (Paris et région parisienne),
Christelle Guilleminot (grand Sud-Ouest), Laure Sagot (grand
Ouest), Diane Maretheu (coordination), Charlotte Knibiehly
(ventes directes) et Camille Saunier (librairies spécialisées)

DISTRIBUTION : Interforum

DROITS FRANCE ET JURIDIQUE : Geoffroy Fauchier-Magnan
DROITS ÉTRANGERS : Sophie Langlais
ACCUEIL ET LIBRAIRIE : Laurence Zarra
ANIMATION : Sophie Quetteville
ENVOIS AUX JOURNALISTES ET LIBRAIRES : Vidal Ruiz Martinez
COMPTABILITÉ ET DROITS D'AUTEUR : Christelle Lemonnier,
Camille Breynaert et Christine Blaise
SERVICES GÉNÉRAUX : Isadora Monteiro Dos Reis

Achevé d'imprimer sur les presses de l'imprimerie Normandie Roto Impression s.a.s.
à Lonrai (Orne) en septembre 2021

ISBN : 978-2-37880-254-7
Numéro d'impression : 2104257
Dépôt légal : Septembre 2021

IMPRIM'VERT®

PEFC
10-31-2541
Certifié PEFC
Ce produit est issu de forêts gérées durablement et de sources contrôlées
www.pefc-france.org

En France, un livre a le même prix partout. C'est le « prix unique du livre » instauré par la loi de 1981 pour protéger le livre et la lecture. L'éditeur fixe librement ce prix et l'imprime sur le livre. Tous les commerçants sont obligés de le respecter. Que vous achetiez votre livre en librairie, dans une grande surface ou en ligne, vous le payez donc au même prix. Avec une carte de fidélité, vous pouvez bénéficier d'une réduction allant jusqu'à 5 % applicable uniquement en magasin (les commandes en ligne expédiées à domicile en sont exclues). Si vous payez moins cher, c'est que le livre est d'occasion.